禪與精神醫學

平井富雄 著

許洋主 譯

東大圖書公司

譯　序

　　在我們的社會中，謊言充斥；真的是處處時時都可能有人在打妄語。年輕時，有一位熟識的天主教神父以英語對我說："You have to trust people, but not so much." 很慶幸，在涉世未深時能聽到這樣富有生活智慧的話語。然而，也很悲哀，這句話直到我進入老年後還很適用。"You have to trust people" 是倫理實踐的教諭，而 "but not so much" 是實際行動的警醒；前者是理想，後者則是現實。所以，"You have to trust people, but not so much" 可以說是一句理想和現實都照顧到的警世語。然而，在人類社會中需要「警世」，不正道出人與人之間不能完全互相信賴的實況嗎？從這點來說，當前，人確實不是完美的，人所處的世界也確實不是完善的。人要完美、世界要完善，都是此後必須長期不斷努力才有可能的；難怪佛教說成佛之前需歷經三大阿僧祇劫的修行。(「阿僧祇祇是梵文 asuṃkhyeya 的音譯，含有「無數」、「難以計數」的意思。」)

　　然而，儘管如此，我們還是有機會找到美好的東西，例如：在柏油路上看到一根長得翠綠的小草，或在一本不列於暢銷書排行榜內的小書中讀到一句震撼整個人的文章，……。對於前者，我們要感謝大自然對人類的慈悲力；對於後者，則要感激作者憐憫人世的柔軟心。這些都具有提振脆弱心靈、令轉弱為強的大能大力。所以，有時候，我們必須撥空專誠

去找那根長得翠綠的草、那句震撼整個人的文章……，而不要整天處在一堆漂亮卻容易凋謝的花叢中，更不要處在一堆不衛生的無聊的八卦話題——不論是用嘴說出來或用筆寫出來——中吧。

從分量看，《禪與精神醫學》是一本小書，但從內容看，卻是一本很有幫助的著作。它是有科學依據的佛教書籍。作者在書中記述他以科學方法證明坐禪有助於精神疾病的治療，並依據瑩山禪師的《坐禪用心記》指出坐禪時應注意的事項。無可否認的，罹患精神疾病後的治療過程，對患者及其家屬，都是大煎熬、大折磨。想避免事後受煎熬、折磨，就必須事前去找翠綠的小草，二根比一根好，三根比二根好……，或去找震撼整個人的文章，二句比一句好，三句比二句好……。自 SARS 爆發以來，有些人對 SARS 的恐慌心理比疫情似乎更嚴重，可以說已顯露出精神疾病的徵兆了。在向站在防疫第一線的醫護菩薩致上無量無數的敬意與讚嘆之際，盼望人們也能把他們那份出於無知私心的恐慌放下，轉而去關懷那些已遭難、正遭難以及將遭難的人，為他們也為有一天可能遭難的自己祈禱發願。

確實，在世間，沒有一件事能完全自力完成。本書的翻譯、出版得到許多人的協助。謹在此向他們致謝。

許洋主

2003 年 5 月 12 日晨於台北

「學術文庫」版緒言

我想沒有一個時代像一九九〇年代以來的時代那樣，把人類意識的轉換視為必要的吧。因技術革命、資訊化、電腦化所帶來的新現象，正一波接著一波地挑戰人們的既有概念與想法，並且硬闖入我們的生活中。

就在人們一邊以評論家似的旁觀口吻，稱呼這些新現象是尖端技術所衍生出來的「惡」、「壓力」……，同時試著從壓力中逃開時，心卻和社會脈動產生扞格，在無益的紛擾中欠缺安定，越來越不能以安定的心情生活。

李斯曼說這樣的人正陷入「同一性的擴散」中（《孤獨的群眾》），並警告這樣的人將與社會脫節，失去自我。

可是，每個人要怎樣做才能以各自的力量達成意識的轉換呢？我們注意到講述立命之道的坐禪（禪觀），從探究它在大腦生理學上的過程與根據，試著找出可能的方法，而且也獲得了大致的結果（拙著《座禪的科學》，講談社，昭和五十七年）。現在將這些結果摘要記錄於下：一、藉由坐禪修行發現在腦波上明示意識轉換的特異波型；二、此時腦的機能完全安定；三、不執著於固定的觀念，能冷靜且瞬時即應地應付新刺激，而內心絕對安定不亂。

我依據這些結果，分析了許多禪書，想找出是否有人捕捉到了坐禪（禪觀）所教導的坐禪方法到意識轉換的過程，

以及轉換後的意識的真相,結果我找到了瑩山禪師所寫的《坐禪用心記》。

這雖是一本小書,但此書以漢文書寫,我必須花費一年多的時間才能把它讀完並讀懂。而且,但也因此了解到這本書既詳實敘述了正確的坐禪方法,對於內心修為到開悟之間的種種過程,乃至開悟的境地,都作了極為適切的實踐性解說。

不只如此,我並且發現,瑩山禪師甚至在書中暗示,人們藉著修行而徐徐變化的意識,恰如患者的心藉著我們精神科醫生所採用的精神療法,而逐漸恢復自立性和同一性,終於能重新踏入社會矻立不敗,而從苦惱解脫出來。所以我便有了想法:一定要結合坐禪與其醫學根據,求得內心的安定與意識的轉換,那對心理健康該多好啊。

剛好那時,大本山總持寺出版部的垣內善勝師委託我「在曹洞宗的機關雜誌《跳龍》,從精神醫學的角度,對《坐禪用心記》做一番解說」。我認為這是大好機會,於是慨然應允,以後每個月一次,歷經兩年,我在這份雜誌上,一面動用我在精神醫療上的臨床實踐經驗,以及我在精神醫學上的全部研究成果,一面持續努力完成這個艱難的工作。很幸運,這個連載獲得很高的評價,也獲得容易被現代人讀懂的稱讚。又,在連載結束後,總持寺出版部和日貿出版社社長吉崎巖氏建議我將連載的文章輯成一冊發表。由於吉崎氏的熱忱,我就讓日貿出版社將此書印行,書名題為《觀想與人間學的

推薦》，而那時，我也設法加上原文的現代語譯（大意），俾令更多的人現解。此「書」是我對坐禪作精神醫學研究的結果，同時也是促使我進行更深入研究的開端。現今這本書被列為講談社「學術文庫」中的一冊，再度呈現在讀者面前，我覺得很光榮，也很歡喜。我一面在心裡祈禱，它直到下一世紀都成為我們的「心之書」，一面為佛緣之深而感動。

　　最後要特別寫出，我這次多虧垣內善勝師和總持出版部的諸位大德、日貿出版社的吉崎氏和渡部代津子氏等，以及故橋本惠存老師提倡《坐禪用心記》的幫助，而且在連載期間得自禪宗派中諸位僧侶的教示也發揮了很大的參考效用。又，學術文庫出版部長池水陽一和布宮滿子氏等有關的各位，在將本書收錄為學術文庫的一冊時付出很大的努力，我對他們也由衷表示感謝，我誠心誠意地期望本書能成為今後許多生活在困難時代的人的精神糧食。

平井富雄

平成二年三月八日

原　序

　　現代的日本禪宗有曹洞宗和臨濟宗兩大宗派。然而，它們理應出自同源。現在，「出自同源」這點似乎已被忘掉，在我們開始對坐禪作科學性的研究後不久，就已發覺到這種情形。

　　曹洞宗的諸位大德對我們的科學性研究始終給予協助。可是，屬於臨濟宗的禪師，雖然他們並不反對我們做這樣的研究，但他們說：禪宗主張「不立文字」，那種開悟的境界很難用語言表達，你們能理解嗎？總之，他們的態度保守且帶質疑。雖然不能說哪一宗派的說法正確，但對出自同源的兩大禪宇宗派在對立的立場，我覺得非常遺憾。因為根據我們所作的科學性研究，我們得到的證據是以證明這兩大宗派之間幾乎沒有大差異，毋寧可認為他們是相同的。這一點，不曉得是因為曹洞宗比較寬呢？還是因為對自己的修行含有日本禪學的科學性深具信心，所以很自然地表現得如此。

　　對我們研究禪觀所得到的科學性成果首先給予評價的，雖然是外國的精神醫學家、心理學家，但同時，屬於曹洞宗的有心人士也做出很高的評價。在文部省支付科學研究費時，我們定出與那個金額相稱的密集研究計劃，但響應我們這個請求的，從宗派上來說，主要是曹洞宗的諸位大德。從中，老實說，我們發覺到了禪所具有的開放性和科學性。當然，

必須附帶表明，我們也從臨濟宗中抱持相同理念的人士獲得協助。但是，很遺憾，那些人士都是在家「居士」，他們和宗派沒有密切關係。

這點暫且不論。我們對坐禪（禪觀）所作的科學性研究，在國際上獲得極高的評價。我依據我的專業精神醫學和腦生理學的立場，敘述其中的詳細情形，並發表以歐洲的文字寫成的兩冊專書。我覺得這在現在是非常值得慶幸的事。

注意到這件事的，是大本山總持寺出版部的月刊《跳龍》的編輯組。編輯組要求我重新——更恰當地說法是將我們的研究成果改以淺顯的文字——對瑩山禪師的《坐禪用心記》做說明，事實上，我對這樣的要求抱持某種使命感。於是我開始執筆寫作。我的文章在曹洞宗大本山總持寺的月刊《跳龍》連載，歷經兩年。我一面受到《跳龍》編輯組中建議我這樣做的佐藤俊明、松浦英文、垣內善勝，以及石川大玄等諸位大德的鼓勵，一面逐漸進行寫作。

這本書確實是現代日本的醫學和佛教合力完成的結果。而且，我對本書能以明確的科學語言說出佛門中那些熟知心理健康密訣的開悟人士的內心世界，由衷感激。我這番心情已在昭和五十三年十二月出刊的《跳龍》上表明過，那一期的《跳龍》登了我那篇題為〈終章〉的文章，因此，我仍舊將它引用於下，以顯示我的本意。那篇文章大概如下。

即使我對坐禪所作的科學性研究在國際上獲得多高的評價，我依然是禪佛教的門外漢。能像這樣獲得機會，以現代

風格，以及從我所擅長的精神醫學的領域出發，整理介紹瑩
山禪師的名著（現在的我完全能肯定），這在十年前恐怕是絕
對不可能的。

　　我想這無論如何都不是十年前的我能夠成就的「事」。那
時候，我持續在讀許多老師對《坐禪用心記》作解說的著作。
為了對坐禪作腦波學的研究，閱讀這種書對我而言，一定是
絕對必要的。我讀那些書，就像我讀有關腦波的文獻那樣。
老實說，我當時對它們的印象是：「非常艱難」。

　　然而，我很幸運有機會接觸到因為贊同我們的「坐禪之
科學性研究」的主旨，並積極地成為「被檢查者」（或許這是
很沒有禮貌的說法，但事實如此）的老師以及修行僧。

　　不只如此。進行「研究」的機會，每次也都是「接心」
的時候。因此，我很自然地將研究委託同事，而自己獲得「打
坐」的經驗。另外也靜聽老師的提倡。坦白說，在開始時，
我的所做所為都徒具形式而已。然而，我不知不覺發現，在
坐禪的「我」之中，有某種變化產生。

　　那就是我注意到之前「脆弱的」我，以及只顧用功、視
野狹窄的我。我這樣說，絕對沒有說得過火。因為我體悟到
作為一位解決「生病的心」的精神醫師，如果不能捕捉到人
心的動向及微妙是不行的。從此，「宗教性」便在我的內心萌
芽了。

　　一方面，對坐禪所作的科學性研究，都是憑藉有才能的
同事之力，針對許多佛門大德順利進展下去的。從腦波的記

錄、有關呼吸以及自律神經的資料加上心理測驗，到坐禪時尿液的分析，各式各樣的結果都陸續地被蒐集起來。

　　這回輪到我將這些作相互對照，試著找出深藏其中的科學性了。這確實是一件不得了的工作，但只要照資料所顯示去做客觀的處理就行，可以說只要運用我的專業領域的方法就綽綽有餘。

　　就這樣，我們到現在已發表了若干篇英文的論文，以及兩冊我自己用英文寫的書。我們所得到的迴響很大。雖然這樣做不無追逐當時國際上的「禪熱潮」之嫌。但是，如本連載中所述，我們確實引起了西方專家學者和精神科醫生的注意。

　　我不是在此以得意洋洋的心態敘述這件事。實際上我在此只想強調一點，即：從成堆的「數據資料」所作的科學分析結果，絕大部分都是瑩山禪師在《坐禪用心記》中早已揭露的，再以圖表和數字加以實證而已。從海外學者重視的程度來看，我想可以說他們已經了解到《坐禪用心記》所記述的內容不只是思辯，而是富有科學性的語言？

　　在此，我認為禪佛教本來就具有的科學性（這是指普遍妥當性），是能在屬於宗教的「禪」之中發現到的。那絕對不是教義。因為雖有過去基督教敵視、壓迫科學的史實，但在禪佛教中沒有這樣的事。我想，禪佛教可以說是把科學性納入其中的「宗教」的理由就在於此。

　　瑩山禪師的「教誨」確實是這樣的。我對「打坐」的自

我體驗，和他的「教誨」所指導的一模一樣。身為精神科醫生的我，平素常接觸到心理不健全的人，並要想辦法來治療他們。我不能在治療上實際利用禪觀所具有的科學性嗎？我曾針對這個課題發表過二、三著作。而且，我到現在還在探究它。或許我會被認為狂妄自大，但以心理健康為出發點，而把有關心的科學所認可的事教給現代人，這不就是佛所說的慈悲嗎？

　　這就是門外漢的我敢把自己的文章題為〈新·坐禪用心記〉，嘗試在《跳龍》連載兩年的理由。並且一貫以這樣的立場，一面理解瑩山禪師的說法，一面繼續連載。這是因為我發覺到我在文章中所舉的諸多精神病理現象，都可以在禪師的字裡行間找到解脫的方法。我現在深切地感悟到，瑩山禪師那含蓄深、意味廣的「教誨」的確被濃縮而敘述於《坐禪用心記》之中。

　　我的文章是否完全反應了禪師的「教誨」，有待諸位大德的批判。但是，如果「本書」能以某些形式，以及在種種意義下，對諸位大德有絲毫的助益，那麼我會由衷地感激，同時我也希望終生能繼續珍惜地保持我——遭遇佛緣的醫學者——的本心。

　　　　　　　　　　　　　　平井富雄

禪與精神醫學

目　次

何謂坐禪

夫坐禪者，直令人開明心地，安住本分，是名露本來面目，亦名現本地風光。

〔大意〕藉由坐禪，可以使人的心靈安定、開朗。這是真正的「自我實現」，那樣的心境有如親臨自然風光般的自在。

瑩山禪師在《坐禪用心記》中一開始就是這樣寫的。在此嘗試將它與夏目漱石所著小說《草枕》開頭的文章加以對照。漱石這樣寫道：

一面登山路，一面這麼想。
若單憑理智，則顯得不夠圓融。若陷入感情，則為之所困。若固執到底，則冥頑不靈。總之，人世難居。

這是人世的定則。無論我們如何掙扎，也無法由此中跳脫出來。漱石接著這樣說：

創造人世的，既非神，也非鬼，而是散居在對面三、二戶人家中的凡人。即便凡人所創造的人世難以居住，也沒有勝過它的地方吧。若有，也只是去非人的國度。非人的國度比人世更難居住吧。

當覺悟搬去哪裡都難以居住時，詩就產生了，畫就產生了。

　　漱石這樣說明文學、藝術產生的理由。文藝是沒有道理的。漱石一定是從人的內心直接感受到這點的。

　　《草枕》開頭的文章便說：人既然有心，就會有追求文藝的心理。雖然漱石寫過《文學論》，但是他的小說中卻沒有文學理論，也不談文藝的「美學」。居住在「難住的人世」中，他只有一面藉小說的情節一五一十地道出自己的煩惱，一面反覆地、實實在在地敘說人生之道而絲毫不覺得厭煩。漱石在生活中的面目，表露在他眾多的小說中。

　　瑩山禪師在《坐禪用心記》中，也不擬論述坐禪的哲學。這點在《坐禪用心記》的一開頭已表露無遺。在此無須議論何謂「心地」、何謂「本分」。看來瑩山禪師已經以自己的心徹底參究禪理了。並依據道元禪師的《普勸坐禪儀》和榮西禪師的〈禪哲學〉透徹了解了人們想在「坐禪」中尋求人生之道的心理。

　　瑩山禪師的傳記不甚詳盡，因此無法對他徹底了解，但似乎有二、三件事實可藉以推定他是閱歷豐富、極富人情味的人。例如，他曾自述：「自耕自作閒田地，幾度賣來由買去……」，由此即可看出這一點。

　　此外，據傳他也曾為後醍醐天皇開釋苦惱，而獲頒聖旨御賜紫衣。且不論當時禪宗是否已確立，他身為寺僧的任務，不就是要為包括天皇在內的眾生解除煩惱嗎？為此之故，他

不可不修習必要的學識吧。這話聽起來或許有些唐突，但瑩山禪師一定對現代「精神科醫師」的工作很專精。

　　他的《坐禪用心記》，被認為是藉著「坐禪」說明法所具有的「力量」。他以「……是名露本來面目，亦名現本地風光」為目標，並記述達成「開明心地」、「安住本分」的「用心」。在詮明「何謂坐禪」上，沒有任何語詞能如此既明快又簡潔了。

身心脫落 —— 不執著的心

　　身心俱脫落，坐臥同遠離，故不思善、不思惡，能超越凡聖，透過迷、悟之論量，離卻生、佛之邊際。故休息萬事，及放下諸緣，一切不為，六根無作。

　　〔大意〕坐禪者從他心中除去他個人在身體及精神上所抱持的執著與價值觀後，他那由分別心所產生的束縛就會跟著消失，他進而達到自由自在的境界。坐和臥，在「此心」之前都相同，都從日常生活中的「分別知」中被解放出來。因此，善、惡不成為思考的對象，也沒有凡人、聖人的區別。坐禪者從對妄念、明智的執著中跳脫出來，不被有關眾生如何和諸佛如何的議論所困惑。

　　為達到此心境，必須有暫時放下對俗事的執著、對任何看似美好的事物都不起執著的心。不可仰賴五官（司掌視覺、

聽覺、觸覺等的身體器官）的功能或內心所生觀念（這些總稱為六根）的作用。

現代人的心理構造不僅複雜且相當曲折。例如：出於某種想法而做某種行為時，沒有人不希望其結果是好的。但是，某種行為也可能出自別的想法而以相同的方式執行。在這樣的情況下所產生的結果，和前者完全不同，且受到評價。

舉周遭的例子來說，有的父母認為：與其把愛子送進競爭激烈的升學戰場，不如讓他進入能順利讀到大學的明星幼稚園，接著升上明星小學，最後輕輕鬆鬆地從該處的大學畢業。這種父母的想法，確實是基於為孩子設想的心情。但是，孩子的想法從那一刻開始便受制於父母、跳不出父母所設定的界限。

此外，孩子到了青春期，也會注意到父母對其前途的意見，但有時也會希望照自己的意思，朝別的方向發展。孩子的想法是：他感謝父母的心意，但父母總不能連他想追求不同的前途都加以反對吧。孩子或許是在反抗父母，但其中所呈現的，既非「不思善」，也非「不思惡」。因為「大學畢業」雖是共同的願望，但畢業的孩子的想法，和令孩子畢業的父母的想法，即使存在著矛盾與對立，也絕非什麼不可思議的事。

若想以善意或惡意補償矛盾和協調，則無迷亦無悔。「凡聖」、「迷悟」是人心本來具有的，因此，歸根到底，「不能把現實中的人想得那樣單純」。不能肯定這一點、且連這是宿命

都不知道的人，只有等著體驗挫折。

　　人們，尤其是現代人，害怕挫折。現代的年輕人可說都是如此。因此，資優生就不斷地努力使自己永遠是資優生。但是，當他們對此感到厭倦時，不斷誘惑他們、令其一心嚮往的卻是「輟學」。

　　但是，另一方面，已經輟學的年輕人，卻對沒有輟學經驗的伙伴，和令他輟學的體制懷有恨意，並放棄一切的努力。

　　某位大學生曾對我說過的話中，有一句讓我印象深刻，那就是：「醫生，我要擁有一切或一無所有地活著！」當某個偶然的事件動搖了曾輟學的年輕人的心時，非常明顯地，他們就會呈現出「瓦全」或「玉碎」這兩種極端的反應。

　　今日，置身於體制之中的人與退出體制的人所呈顯的這兩種極端反應非常明顯，而且，他們也各自為其所抱持的價值觀加上各種冠冕堂皇的理由。不僅如此，他們甚至發生彼此自以為「善」而互不相讓的紛爭（例如大學的紛爭等）。

　　事情變成這樣，雖然我不是瑩山禪師，我也想說：「休息萬事，及放下諸緣，一切不為……。」然而，這句話並不是那樣的意思。透過「休息」、「放下」的心所注視的透徹之眼，使我們明瞭現代風格的流行服飾和新傳統的真意。從「六根」亦即六種感官所感覺到的事物之中，可以讓我們看穿被造作出來的無意義。別忘了這句話是這樣的意思。

　　瑩山禪師告戒坐禪者：在坐禪時，勿過於注意姿勢和形式，更不要誤以為是因為這樣「坐」，眾生就能成佛。「身」、

「心」的二元論會產生「凡聖」和「迷悟」。沒有這樣的區別、差別，才是「坐禪」。禪師也如此說：「非可為身，非可為心。」

「身心脫落」的真正意義，是指不應相信、也不可執著六根（即現代醫學所說的「感覺」）。我們也可把這句話解作是在表明人沒有六根就不能生活的軟弱。

瑩山禪師將對精神的合理「希求」，當作「身心脫落」的「用心」禪師用「坐臥同遠離」這一句話來表明禪是不須姿態也不須形式，更不是「心」，而將對於精神上合理的「希求」囊括於對「身心脫落」的「用心」之中。

不曾知名 —— 何謂佛性

這箇是阿誰？不曾知名。非可為身，非可為心。欲慮慮絕，欲言言窮。如癡如兀，山高海深，不露頂，不見底，不對緣而照，眼明于雲外，不思量而通。

〔大意〕若要以每個人的知性分別來尋覓佛陀的覺悟，則它是不能以語言來表現的。即使用千言萬語也無法稱說它。它也不是六根所能成。縱使用個人的意識思考，也會因其狹隘而不可能想出它的內涵；除外，它也是超越語言表現的。怎樣稱呼才好呢？當置身於不知如何動彈的處境時，即使有能仰望山頂、測量海深的智慧也無濟於事吧。因此，這也可以說是無法照見對象之緣的境地。但是，藉由透徹它，眼睛

向外大開，超越思考的領域，就能了知佛陀的覺悟。

在上揭的引文中，最重要的一句是「不曾知名」。先聲明：這並非抽象的詞語。人們各自擁有其名字。人和人接觸時，名字具有很大的意義。但是，也不總是這樣的。人們會漸漸忘掉和自己無緣、無關的人的名字，甚至，有時也會有雖然叫得出身旁的人的名字，對他卻不太關心的情形。不是因「不曾知名」、而是因知名之故產生的煩惱使人們心亂如麻。

這件事的意義，我將會在之後以「腦科學」的立場加以說明，但在這裡我想只談談瑩山禪師涵括在「不曾知名」此一句中的人類的深層心理。

在我們的日常生活中，代表「某個人」的「名字」是具有相當大的意義的。例如在自己的近親中，有人在社會上出名。如同誰都想和他親近那樣，他那些沒沒無聞的親戚，會不停地利用他的名望。這在日本是人脈結構產生的理由。我不是說這樣不好，但認為不妨好好地加以利用。

瑩山禪師是蒙後醍醐天皇御賜「紫衣」的成功人物。但不須認為瑩山禪師說了「不曾知名」，一定有什麼深奧的理由。如果大膽推測的話，我想這句話只是在傳達坐禪的一般「用心」：坐禪時，不應去執著於坐禪的人是誰，而應專心致意於嚴格修行。

擔任精神科醫生的我，也會有許多知名人士或無名小卒前來我的診所求診。但是，我不會因為我的患者有名氣，而破壞根本的治療方針。也不會因為他們年長或年輕而有差別

待遇。碰到有自認為是名人、而要求我作特別診察的人，我總是這樣對他說：「即使你這樣說，我也沒有對你提供特別待遇的理由。我在幫助人們解脫煩惱時，不會不考慮到每個人的境遇。你不可這樣要求，因為我不是你的御醫。我知道你的名字，但那又代表什麼呢？名字就是名字，沒有有名和無名的分別，不是嗎？如果希望我為你診治，那麼，請先捨棄你的名字所擁有的特權意識。這種特權意識也許已經意外地給你的心帶來災害了呢！」

這些話對精神病患者具有「心不起計量」的效力。為什麼呢？那是因為在他們的心底總是潛藏著道出名字、執著名字之榮譽的「計量」。如果以專門術語來說，「喜好顯示自我」的症狀常見於精神症的患者。

世上沒有山因高而貴之理。連海底的人也不會認為，海的深度能成為人的精神糧食。不管是「頂」或「底」，在心的煩惱前，都是沒有關聯的。古有諺語，所謂「虎死留皮，人死留名」，但若人的名譽反正和虎的皮相同，則該不會有執著於名譽——這種事有在乎面子而變成神經質的意味——而束縛自己，這樣愚昧的事吧！

「不對緣而照」此句，有要人如在水流中流轉的石頭，直接面對其現實的意義。用專門術語來說，這稱為「現實檢證」的能力。總之，有名、無名的區別是表面的，在心起煩惱時，不能因應「現實」的思量就動了起來。因為不了解這一點，多餘的煩惱就成為進一步侵蝕人心的原因。

　　由於執著過去，而無法看到「現實」的諸種情況。在指向未來之餘，忘了「現實」。如從這個意義來說，「坐禪體驗」就成為將精神醫學中所說的「現實檢證」的能力，根植於各個人心中的機緣。因此，「不思量而通」指的就是，正視自己所處的現實、而以己力使它正面轉化的能力。

　　打個比方說，不見得因為是美女就會受到眾人的喜愛。即使有電視演員因為是個美女而特別受到歡迎，那也是一時的。精神病患因過於在乎內心周邊的事，而使思慮、言行顯得困窘，正如美麗的女演員無法透徹明瞭映現在映像管之假像的意義一般，這些患者把自己的心置於雲外，不想用自己的眼睛看。

　　「如癡如兀」是瑩山禪師獨特的異說。禪師在此敘述了捨掉思慮和「計量」而修習「坐禪」所應注意的事項。人並不是為了得到佛性而「坐禪」。當人以佛性為目標時，他就會有想要做些什麼事的意欲。以精神醫學的用語稱此為「生命感情」。

　　而佛性正是存在於「坐禪」者內心深處的「生命感情」。

全身獨露 —— 生與死

　　日本禪宗祖師之一的榮西禪師（臨濟宗）曾二度入宋留學。在當時，由日本去中國何等艱難，是今日無法想像的事。
　　最近，坐禪的效用被傳開，連藍眼睛的外國人也到日本

來參禪。其中，也有很多精神科醫師，他們意圖了解應用坐禪以治療精神疾病的方法是否可行。關於坐禪對心理產生的影響，我曾以「腦波」此一醫學研究法加以闡明。大概是因為他們看到了我以英文發表有關此類研究結果的論文和著作，所以一定要前來造訪我。他們都是熱心於修行和學問的人，因此問了我各式各樣的問題。因為我應用科學方法從事坐禪研究，所以能充分地回答此範圍內的問題，並使他們都能了解。

　　但是，為了回應他們對於坐禪「有助於精神疾病之治療」的期待，有必要提出具有可行性的具體方法。關於這些具體方法，容待之後再說明。對歐美所採行的精神疾病治療法──此稱為「精神分析療法」──開始感到有某種局限的精神科醫師，他們都對坐禪表示了高度的興趣。至於其「局限」，一言以蔽之，可說是對以合理的、主智的人的思考來掌握人的精神已顯得「窒礙難行」的現代精神醫療法的反省。

　　榮西禪師儘管遭遇到許多困難，仍然二度入宋留學的意圖為何，不是對他不專精的我所能解明的。而除榮西禪師之外，尚有其他入宋的僧人。義介禪師──道元禪師的直承老師──也是其中之一。

　　義介禪師有相當開闊的眼界。據說他學會天台的教學，但不因此而滿足。他歷訪京都與鎌倉的名剎，最後入宋。照現代的說法，他可說是進步的行動派學者吧。瑩山禪師叩義介禪師之門，終於在那裡大悟時，他的心中必定已經達成足

可記下《坐禪用心記》的感性和知性的融合。

如果問為什麼要提到這件事，那是因為在《坐禪用心記》中可以得見具有和其他有關坐禪的祖述殊異的特徵。這雖是瑩山禪師的人格特別卓越所致，但我想在這樣的史實——他在榮西禪師、道元禪師，再加上義介禪師等的努力下成長，因而與禪佛教的確立有關聯——中，會有某些真實。亦即，有良師才會出高徒，而弟子們又成為令新思想和新事業蓬勃發展而奠定基礎的人。

這種承先啟後的事，不論古今或東西方，都顯示出人類進步根源的實況。能促進進步與創造的人類心理的作用，有其相對應的理由與根據。如果瑩山禪師不出生，或是沒有培育他的環境，恐怕就沒有今日的禪佛教吧。

《坐禪用心記》第一段所說的，如前述，與宗門的成立沒有關係，它只具體並周密地詳述了：為了人們的心理健康，什麼是必要的心理準備。顯現其真正價值的，是《坐禪用心記》如下所記載的語詞。

宗朗于默說，坐斷乾坤，全身獨露。沒量大人，如大死人，無一翳遮眼，無一塵受足。何處有塵埃？何物作遮障？

〔大意〕人們能藉由沉默而知道它。它也因排除個我的辨別智而產生。它稱為悟。若力行坐禪，渾身把握整個宇宙，則心不為任何種類的妨礙和疑惑所苦惱，而達到自由自在的

境界。遠離計量、執著的絕對狀態，是超越生與死的存在。已經完全沒有東西能障礙透徹之眼。也不會因多餘的附屬物而使行動受限制。這就是坐禪。沒有任何事物能阻礙自然的心境。可以這樣說。

首先來說即使沉默「宗」也自然產生的自信。乾坤雖是天地之意，但若坐斷天地，則渺小的人也化為「乾坤」。「全身獨露」的心理是遠遠超越現代人保身、執著自身，及重體面的心境。

精神病患者在痊癒時，常說一些話。他們敘述感想：「以前過於執著周遭，而沒有自己。」「我起煩惱的原因是過於重視渺小的自己，只注意自己的缺點，又想在人前把它隱藏起來，因此不行。」

「全身獨露」一語傳述由放棄自己的結果所產生的新自我的圓熟。即指成為「沒量大人」。人在捨棄「思量」之時，從神經質中解放出來，而且變得比以前更堅強。

在其下的文章中，將「沒量大人」比喻作「大死人」。但這不止是比喻，也是帶有象徵意味的隱喻。由於思考生死的二元對立，而產生對死亡的恐怖，並導致「精神病」的發作。這裡所說的「精神病」是指執著於極微細的身體的異常感，而陷溺於「哎呀，這不是高血壓嗎？這不是癌症嗎？」等不安中的「精神官能症」。因此，在那些患者的心底，存著死亡的不安。反過來說，那是對「身體之生」的執著。

無法不加思量及對「身體之生」的執著，形成令心苦惱

的結果。這是我執——生和死二元論思想的誘因——所致。
「大死人」之後的文章，在身和心的分裂方面，其內容與說
生死對立及其衝突的精神病學說類似。

　　英國的桂冠詩人艾略特 (T. S. Eliot) 在其詩作《荒原》中，
鮮明地反映出現代人的苦惱。將生於二十世紀的人描述成「不
想在貧乏之生中覺醒，像死了的活人」，明確地表現出近代人
的存在，說唯有藉由沉潛於死的念頭，以追求朝向豐富之生
的轉換，現代人才會獲得救贖。順著瑩山禪師的文脈，也可
說這是指成為「大死人」。

　　不論是精神病學說或是艾略特的《荒原》，在表達同樣的
事時，都充滿相當多的知性苦澀。相對於此，瑩山禪師所說
的「大死人……」，卻傳達出超越煩惱的人格的素樸，真是美
妙極了。

　　確實，在此文章中，有詩感，其語韻清爽有力，而且散
發著「生命情感」。

虛空終無內外 —— 心的防衛機制

　　清水本無表裡，虛空終無內外。玲瓏明白，自照靈然。
色空未分，境智何立？從來共住，歷劫無名。

　　〔大意〕如試著要將藉由坐禪所達到的「境界」打個比
方，則它有如清澈的水無表亦無裡，又如清朗的天空無內亦

無外，是明亮且清淨的。無有為轉變，無自與他的區別，也無有形與無形的分離，連一切事物及與其對立的辨別智也不生。因為人不管睡著或醒著，一生都在煩惱，所以沒有察覺到此「境界」與人在一起，已經歷幾百萬年，或更長的時間了。但是，人好像也不曾為此境界取名。

此話意味深長。清水和虛空是物理現象，因此為它們加上表裡、內外的區別，乃是人智的計量。但是，同時，在人心之中，必有表裡及內外的區別存在。與其說有通於「思量」之處，不如說有通於世智之處。諺語之中也有「水清魚不棲」或「清濁並吞」等，這些譬喻不正是作為世智闡述人類生活的協調嗎？

這可以說是一種在人類心理上共同作用的防衛機制。舉一個極淺近的例子，有外遇或類似外遇行為的丈夫，會對待妻子非常溫柔，或反而更表現出大男人的專斷作法。或者，為掩飾自己的失敗，而怪罪他人，並藉口「時不我予」、「時機不對」等等，而興起逃避的心理。若以專門術語來說，這些稱為心理的防衛機制（保衛內心的心理作用）。

人們在日常生活中，雖有程度的差別，但或多或少都會發揮防衛機制地與他人接觸，這在社會人之中是普遍存在的。

依據我們精神科醫師的經驗，罹患精神疾病的病患中，有很多都是不太懂人情世故，或是防衛機制的功能太強或太弱，而不管哪一個原因，都會使他們陷入寸步難行的境地，事實上也是如此。

　　在這點上，女性確實是高明多了，或許男性對此說法並不認同。「先生罹患精神病，不正是因為他太過於自我本位嗎？聽他回家之後所說的話，都是些『那個人的太太是某個名人的女兒，因此他即使年輕，也能得到那個地位』、『我再怎麼努力，前輩 A 先生也不會肯定我。因為 A 先生和 B 先生出自同一所大學，所以特別維護他』。老是想逃避。」我可以指出，能把如此冷靜的觀察說出來的女性，往往是男性精神病患者的伴侶。

　　先聲明一下：這並不是說那些女性聰明。這樣說因為根源於現實的女性生活觀，對防衛機制的過強或過弱，都能視為同質，適切地掌握。

　　「外表剛強內心脆弱」、「心眼小而氣量大」，這二種心理構造，同是人類心理的二種極端。但是後者對精神病的抵抗力高，就如「柳腰不折」的比喻。

　　最近，比三十歲一代年輕的男性患歇斯底里症者增加，那是因為在性格上屬於「氣強而心弱」的人增多。他們的太太認清他們都有過度的防衛機制。

　　或者也可以改口這樣說：那些從小到大都受到母親（都是重視子女教育的媽媽）保護、期許，也被朋友和老師視為「資優生」而加以厚待的人，只要受到一點挫折就全然崩潰了。最近，報紙報導菁英份子自殺，知名學校的資優生做出意想不到的錯誤行為等，這些都可以視為是將自己的責任諉諸他人的心理所致。

　　對他們的治療，常令人感到棘手。讓他們撒嬌也沒有用，解釋「撒嬌」的理由也是徒勞無功，甚至誠心誠意地接受他們所說的事，結果也依然無效。也有人對我說：「醫生，我決定用坐禪來克服這個煩惱。」但一個星期之後，他回來接受診察時卻說：「沒有用。那麼難，我無論如何也做不到。」

　　在心的領域中，每個人在性格、能力、才能、環境等方面，有著各式各樣的差別。就像與那些差別相稱那樣，「表是裡、裡是表」那種表裡顛倒的價值觀，也司空見慣。寬宏大量、豪邁磊落如「虛空無內外」的人，正逐漸減少。

　　不是因為如清水般清淨，才無「表裡」。也不是由於具有「虛空」亦即宇宙擴展於地球之外的知識，才能領悟「無內外」。而是因為人的內心深處藏有「通達人情世故」這樣處理現實的能力與擅長運作防衛機制的能力之故。

　　如前述，瑩山禪師是個久經世故、閱歷相當深的人。我甚至認為，他在自己的心中也看到此人情的微妙。瑩山禪師寧可把直率地看出它存在之事本身，說為「玲瓏明白，自照靈然」吧。雖在此可推知瑩山禪師的詩感和譬喻力之大，但這點暫且不論。我認為禪師在此為解說令人自愚癡解脫的坐禪注意事項而敷設了伏筆。如果說他是「心細氣廣的人」，會太過分嗎？

　　在「色空未分」中，色並非僅指色欲，而是指「物質」。儘管人的平均壽命延長了，人追求物質的業卻是無止境的。然而，在知道人活一生終歸於「死」時，「色空」就成一體。

　　我想起在我的患者中，某位飛黃騰達的名人所說的話：
「醫生，這真是件奇怪的事。當我認為我還精力充沛的時候，
我去追求女人（指歌妓、妓女等），但並不是那樣順利。你猜
怎麼著，那些女人知道我有糖尿病、高血壓，卻蠻不在乎地
靠近來誘惑我。只要一想到這件事，就覺得很有趣……」我
答道：「真的啊?」看看富有的他抱著老邁的有病之軀，仍耽
逐於情欲，內心不禁感慨萬分。這不正是「色空未分」嗎?
直至未來永劫，色與空永遠相反，被這樣的宿命所摧殘，而
只能生活於煩惱中的就是人類。瑩山禪師如此述說著。

　　因此，瑩山禪師一再強調「境智何立?」。在治療精神病
患時，醫學的知識雖是必需的，但不能只依賴它。因為患者
以深慮的眼光和因生病而更加敏銳的心，觀察醫生說明「境
智醫學」的態度，並於其中尋求為他治癒者的心像。因此，
「境智」一詞可以解作意指智慧所及之最高境界。智慧到達
極致時，即失去立說之力。在精神療法中，我們被迫經驗那
樣的事，可說已到了極厭煩的地步。

　　藍眼睛的精神醫學者參禪，造訪研究「坐禪科學」的我，
其目的就是為了尋求他們現今正在失去的「精神療法」的立
足點。

　　每當他們為了尋求此立足點，而急切地向我詢問時，我
都這樣回答：「你們的煩惱不是也和患者的煩惱一樣嗎?恰似
有一本樂譜，因此就照著它演奏，這樣會奏出動人心弦的音
樂嗎?不會吧。死板的精神療法就像是樂譜，而我們精神科

醫生必須像『心靈管弦樂團』的指揮。」在我這樣回答時，他們顯出終於弄懂了的表情。因此，他們大多數都說：「或許是我忘了我是心靈的『指揮』，也不是說因為你這一席話就明白這一點。而是由於接受坐禪的訓練之後，我的心一點一點地變化，而回復自信吧。」

歸根究底，精神科醫生也是血肉之軀。在任何地方都找不到證據足以顯示他們沒有些許的煩惱。精神科醫生的煩惱和患者的煩惱是相同的。

前面提到的 T. S. 艾略特讓一位精神科醫生出現在他的〈雞尾酒會〉這篇詩劇中。而且安排他當配角，能冷靜地觀察參加雞尾酒會的眾人，以及那位沒有妻子的詩劇主角，扮演男主人和女主人雙重身分的情形。在此「雞尾酒會」的席上，充滿著不祥的預感。劇中或許可稱為高潮的是，一位常來「酒會」的清純少女，在第一次世界大戰中突然死亡的消息傳來。參加「酒會」的人向這位精神科醫生詢問這件事的意義。艾略特在劇中稱這位醫生為「獨眼龍萊利（萊利是他的名字）」。而萊利的回答實際上並未回答。他說：「每個人都要問問自己的心」，劇中的萊利博士確實以這句話避開了動搖不安的人們的質問。但他自己本身也嘀嘀咕咕著：「對我們而言，究竟什麼才是有意義的生活方式呢？大家都不去想想少女在戰場上消失的生命……」

瑩山禪師的話宛如當頭棒喝、震懾人心的理由就在於此。那就是：「從來共住，歷劫無名。」在心生病時，於無限的時

間中經營有限生命的人，他們為了治療它，不能不去摸索令自己的存在成為「沒量大人」的方法。這在精神醫學中稱為「自我洞察」，但是，「生命感情」的喪失與「自我洞察」的有無，並非無關。

唯心與唯身，不說異與同 —— 心與身

心中有沉重的芥蒂、憂慮、壓力等的時候，身體就會出現異常的情況。俗稱為「壓力性潰瘍」的十二指腸潰瘍，就是一個很好的例子。最早明白這一點的人，是美國醫學家哈洛德·沃爾夫，時間約在三十年前。

做了經皮內視鏡胃造瘻 (PEG) 手術的患者來到沃爾夫博士處。在治療中，沃爾夫博士發覺，當患者盛怒時，胃壁會紅爛，嚴重的時候，更會潰瘍。而當他心平氣和時，即使不吃藥，胃壁潰瘍和出血的病症也會自然地痊癒。

沃爾夫博士將這件事實記錄在影片中，發表在全國醫學會上，並主張感情激動是胃潰瘍的原因。這是「壓力性潰瘍」的發現自不待言。其後，此成為引導「精神身體醫學」發展的重要發現，其理由將逐步陳述於後。

在我們的日常生活中，即使還不到成為「患者」的地步，也會由於不安和心情過度緊張，而造成下痢、頭痛、心悸和呼吸急促，以及與冒冷汗、面部潮紅等相似而程度較輕的現象。當壓力擾亂心理時，身體也會同時出現反應而產生紊亂。

　　而神經質的人會執著於這種身體的微細異常感。然後陷入「這不會是胃癌吧?」「是高血壓或心臟病嗎?」等等的不安中的人也很多。這就是專門術語稱為「精神神經症」、「精神不安症」的心理疾病。這類患者一開始所訴說的, 幾乎都是之前所述身體上的症狀。這種人的表情都毫無神采可言, 肌膚也缺乏光澤, 起居行動都看不出有「生命情感」的發露。他們為身體的異樣感到苦惱, 但不知道自己正執著於此。由於不知道這一點, 所以他們又變得更為不安, 而心的「計量」也更為加強。這一切只因預想到身體的死亡、「突然死亡」, 心中懷有恐懼而引起。

　　前文已順著瑩山禪師的文脈, 對摸索「沒量大人」的方法加以探討了。此處則是以前揭現代醫學所闡明的身心現象作為引言, 以下便來聽聽《坐禪用心記》的說法。

　　三祖大師且名為心, 龍樹尊者假名為身, 現佛性相, 表諸佛體。此圓月相無缺無餘, 即此心者, 便是佛也。自己光明, 騰古輝今, 得龍樹變相, 成諸佛三昧。心本無二相, 身更異相像, 唯心與唯身, 不說異與同。心變成身, 身露相分。

　　〔大意〕此段文意艱深。古人曾賦予各種名稱。中國禪宗三祖, 總稱之為「心」, 而印度大乘佛教論師——龍樹尊者——則假名之為身。依據二者所說, 可將此處的身和心合併起來。佛教信徒在身心上都對佛陀所象徵的佛, 感覺到佛心,

把佛像當作坐禪的本質來觀看。亦即說諸佛之相與諸佛之身並無不同。它們正如圓月之形，既無殘缺之處，亦無多餘之影。那即是「佛」。諸佛圓滿，且獲致具有太虛之自由性的「境界」的體驗，所以無論稱為「心」或「身」，其本質都是相同的。修習此心的人成為佛，可以藉由坐禪而與擁有此心的佛陀成為一體，因此這並不只是想像，而是真實之事。這些都是佛性，其中，心是身，並於此身現體時，成為佛性。

「三祖大師」是指，由自印度到中國的禪宗始祖「達摩」(Bodhidharma) 開始算起，相當於第三代的三祖鑑智僧璨禪師。據說僧璨是西元六世紀左右，於大唐（今之中國）繼承達摩的衣缽、宣揚禪宗的二祖慧可的嫡傳弟子。

當時的唐朝，戰亂持續不斷，人心不安。東方醫學史記載，對應於這樣的世局，當時為身心異常所苦的人很多。按照最早的東方醫書《黃帝內經》(A.D. 150) 對於相對性的生氣論（亦即氣與心、心與氣相通之說）的解釋，這些人的苦惱似乎無法完全地被解除，為疾病所苦的人乃轉而對二祖慧可所說的禪修產生興趣。

僧璨也是其中之一。據說他的身體病弱，那或許就是今日所說的「精神神經症」或「精神不安症」。此事是否屬實，就史實而言，至今仍無法斷定，但僧璨帶病前去參訪二祖慧可，則是事實。

僧璨由此開始努力修禪。慧可了解到他想以熱切而堅定的修行來克服病身的意向之後，乃將禪「法」傳予僧璨。「三

祖大師」就是這樣產生的。悟「法」之後的僧璨已不再是生病的人。揚棄《黃帝內經》的相對主義，並親自體驗禪修所具有的、從心到「身」的好影響時，「三祖大師」作為一個了解心之實況的智者，渡過了「周武破佛」（即北周武帝迫害佛教、放逐或刑罰僧侶之事），全心全力守護禪的傳統。他並且在其名著《信心銘》中，談到他自己所體得的心。

　　瑩山禪師必定是個能夠通讀含有一百四十六句、五百八十四個字，以四言詩體寫成的《信心銘》且具有詩心的人。因為「三祖大師」的《信心銘》必得費百萬言才能解說殆盡，但他卻只以「且名為心」這樣簡潔的句子來表達。這是一句意味相當深長的話。

　　且說印度當時避免病苦的祕方，在佛教的名下傳布著。那是從名為「印度蛇木」的樹中萃取出來的汁液，如果飲用它，病苦的人就會立刻感到身體舒暢，並能在瞬間令心情平靜。它是在祕法底層的物質基礎。

　　現代醫學早已揭開這層祕密的面紗。那是因為已成功地萃取出印度蛇木汁液的主要成分，當作被名為 Recerpin 的化學物質。而後，此藥物被當作令現代人的心安定的「精神安定劑」開始上市，並被當作治療高血壓的藥物而廣泛使用。「龍樹」就是此印度蛇木。不論是內心苦惱或是身體生病，每次印度人都飲用此汁液以解除病苦，獲得安寧。

　　《坐禪用心記》所記述的龍樹尊者是誰，我還未能明白。我想他是位具有不特定多數要素的存在吧。但是可以指出這

個事實，即：生病的身體能因為飲用蛇木汁液而痊癒，這樣的身體醫學萌芽於其中。在閱讀關於解說《坐禪用心記》的種種祖述中，可讀到對「龍樹尊者」的各種說明。像我這樣的門外漢，無論如何也無法分辨它是否正確。如果容我大膽地說，我想龍樹尊者是治癒身心、精通身心醫學的醫生，但究竟如何呢？

從瑩山禪師「假名為身」這句話中，我想可以領會出其成為證據的一端。

在「現佛性相，表諸佛體」這些語詞中，《坐禪用心記》第一次提到佛性，但也可以說至此作為解放人們身心煩惱之主體的存在被暗示出來了。這些語詞不正是傳述「沒量大人」在「歷劫無名」的無限中現前時、超越煩惱的體驗自體變成不可欠缺之物的話語嗎？

在此，必須再度回歸我所專長的精神醫學領域。如上述，現在有很多人，由於承受太多的「壓力」，而感到身體不適。但是比這點更麻煩的，是喪失「生活的目標」，與在無限大的時間和空間中，目前自我正生活著及活動著的真實感。

我曾經提出，企業中急增的「鬱卒病」的重要病因，乃是對某種狀況喪失真實感之故，並對此具體地敘述（《有病之心的病歷》，中公文庫，昭和五十九年）。與此大致同時，藍眼睛的精神科醫生艾力克森，以現代人身上常見的「同一性」(identity) 之危機，作為此鬱卒病的病根而提出報告。簡單地說，這是嘗試以人心的標準，掌握現代「父母不像父母」、「老

師不像老師」、「醫生不像醫生」的混亂情況。艾力克森是出生於荷蘭的猶太人，現在是美國屈指可數的精神科醫生之一。他在思想上應該是個四海一家的人吧。他舉出「自我同一性」的危機作為現在人性正在喪失的證據，並認為是精神病患急速增加的原因。換言之，他敘述「不像樣的人是不行的」，目的不過是要傳達「不像樣之人」的存在的危機。

　　「三祖大師」被稱為與偏見和歧視抗爭的人。其徹底抗拒「周武破佛」，保衛禪宗的努力便足以證明這一點。同時由此也可看出其心力之堅強。另一方面，龍樹尊者在只想以「印度蛇木的汁液」解除身體病苦的簡易物質主義者之前，藉由將吾人的身體化為空，來對人們宣揚不同說法的生之存在。在此，徹底道出生而後死、死而後生，「歷劫無名」的輪迴真實。

　　瑩山禪師必是坐禪人中，唯一能一而化為空，一而參照呈現自我同一性即身心一如的境界來觀察自己的修行體驗的人吧。可以如此推測的證據，明顯地見於「此圓月相，無缺無餘」的文句中。

　　前述的精神神經症和精神不安症的患者，在隨著治療的進行而復原時，對我說：「嗯，誠如醫生所說，我或光是在心裡著急，或在理智上說服自己，都無法幫助我解脫這個苦惱，只不過是徒勞的努力罷了。在了悟一切都是空時，我對自己說：就算是這樣也好……」，這番話正與我所說的「是啊！太過『計量』了！」互相共鳴。

到達這樣的心境時，他就又重新站了起來。專門術語稱
此為生出「洞察」(insight)。而後，他的表情和起居動作，又
流露出活潑的「生命感情」了。

套句瑩山禪師的話說，這樣的心理就是「即此心者，便
是佛也」吧。

即使尚未達到艾力克森所說的回復「像樣」與徹底大悟，
不論是誰也都具有「洞察」真實自我的能力，在那時，「是佛
也」的佛性也會呈現在眼前。

「佛性」不就是這樣的嗎？因此才有「眾生皆是佛」此
一佛門所說的妙理產生。它也可以說是佛的同情（共鳴心情）。
就因為它作為心像，存在於我們內心深處，所以我們自然被
導向在佛前合掌的心情。然而，現代文明久已剝奪了我們向
佛合掌的心情。它促成我們像變形蟲的觸手般地趨向利益，
不斷產生「我要、我要」這種心的「計量」的狀況，並使我
們暴露於胡亂地侵蝕我們的心和身的現象中。

身露相分 —— 在佛心中的現代知性

現代是對知識性的生產賦與高度評價的時代。我甚至覺
得它已到達了笛卡爾所說的二元論最後所到之處。「我思故我
在」的形式論理達到其極致，反轉為「我在故我思」。在此不
談論此事是否正確。不論是單口相聲，或是電視上各種高收
視的節目，它們都以帶有知識性而大受歡迎，卻也是不容忽

視的事實。

　　我並不打算在此論及此事。我本來想說的是：將智慧注入佛心一事，為瑩山禪師所喝破。這點在下揭的文句中表達得很清楚——「自己光明，騰古輝今。得龍樹變相，感諸佛三昧。」在這段文章中，對光明——今——變相——諸佛的關聯，感到流暢的知識性好奇心的只有我一人嗎？無論如何，我所要強調的只是，在少數能夠理解知性的人類心理上也有「笑」的禪師中，瑩山禪師是首屈一指的人。在「諸佛三昧」中也有知性好奇心的流露。在此想提出的是，我所尊敬的友人東洋大學恩田彰教授，極力主張從三昧的境界可產生獨創性思考的觀點。

　　恩田教授說明其理由是：活潑、鮮活的心可藉由坐禪獲得，而此心是創造力的根源。這是恩田教授從他對許多僧侶進行心理學調查的成果所獲致的結論，而根據後面將會說明的我的「腦波學研究」的成果，也開始獲得證實此點的實證。

　　雖然我們已經以科學的方法達成這樣的研究成果，但我們對瑩山禪師所說「心本無二相，身更異相像。唯心與唯身，不說異與同」這段文章中顯現出來的普遍性，也很驚嘆。

　　這使我想起一個常被提及的有關身心互相關聯的說法。亦即到底是「壓力」引起胃潰瘍？或是相反地，容易罹患胃潰瘍的人本來就抗壓力較弱？對二者相互間的關係，我認為不能不做科學的探討。

　　又，更進一步說，對今日流行的「知性的生產」，若僅從

心情論來嘗試加以批判，不會流於偏頗嗎？我想，瑩山禪師這句話強而有力地道出並使我們明白：本來對人而言，不成為「公害」的知性的產物，連體得「三昧」境界的「心本無二相」的境界中也會偷偷潛入。

現代的醫學家和心理學家好像不厭其煩地在說「身心鍛鍊」的必要。「馬拉松的效用」、「中藥的功效」，甚至從「香菇健康法」到「Trimm 運動」（源自德語，調和身心平衡的國民運動）的效果，都被大力宣傳。在國外也有「瑜伽」和 "T. M." （超越冥想法），非常熱鬧。在這樣百家爭鳴的時候，我們不是更應側耳傾聽瑩山禪師所說「心變成身，身露相分」這些話嗎？

心如海水，身如波浪 —— 回復生命感情的掙扎

法國哲學家巴斯噶在其名著《冥想錄》中有如下的敘述：「人是脆弱的蘆葦，然而，是會思考的蘆葦。」用這些話來述說，儘管人是被投入「現實」之中的墮落的存在，但也能從其中解脫，而回歸為本來自主的存在，巴斯噶卻是第一人。這些話在今天或許陳舊，但與主張 "bios"（生命）貴重的「生之存在論」有相通之處。

有一種稱為「離人症」的心理疾病。病患一致訴說的是：「不管做什麼事都沒有自己在做它的實在感」；「即使看漂亮的花，也只是看它而已，並沒有真正湧現『漂亮』的實際感

受」；甚至還有：「雖然沒有任何的欠缺，而且大家也都給我
祝福，但是卻怎麼也不認為自己幸福」這般極端的陳述。這
可以說是喪失自己「生之存在」的心理苦惱。是可以列為「心」
的怪病之一的病症。如此訴說的人越來越多。

　　說到莎岡 (Sagan, Françoise)，她是法國的女作家，有許多
打動現代年輕人的心的小說陸續發表，其作品之一為《冷水
中的小太陽》。我想，讀過這本書的人很多。或者，也一定有
人看過叫作同樣名稱的電影。

　　它的情節非常簡單。年紀輕輕但被工作壓得喘不過氣來
的喬那利斯特是個性無能者，卻愛上有夫之婦，在她也被他
吸引時，他忘掉剎那間的自我，而沒入「冷漠的」激情高潮
中。但二人之間的肉體關係並不順利，雖然那男子（或說是
所愛的人）認定「就是那樣」，但女子的心中卻極希望使他恢
復性能力。因為那女子在富裕的物質生活中失去真實的人心，
故而想要找回它。若裝作評論家的口吻來說的話，則或許能
指出其中有如此的希望：在「現代」這個荒涼時代的「冷漠」
中，希望尋求把心燒盡的「太陽」。

　　「冷漠的」心的實況是患了「離人症」者的苦惱。因此，
他們為追求太陽而狂奔，但是愈追求，太陽愈遠，且愈來愈
小。而且他們一面無止盡地追求自己的生之存在，一面逐漸
陷入不能得到它的惡性循環之中。莎岡女士擅長描寫這種人
的心理，文筆非常高明巧妙，而且簡潔有力。她運用「是這
樣嗎？是這樣嗎？」的手法來描寫人的心理。在她的文章中，

明白地道出，「太過知性的」人的思考是空洞的，可以說是近於自我放棄的心情。

於是對於巴斯噶的文章也不得不意譯如下：「人愈思考，愈成為脆弱的蘆葦。」

現代人的「身體」確實變健康了。現代的年輕人身高大幅增長，一看就是魁梧的體格，這可說是他們身體健康的證據。但是，他們的心卻不一定健康。因為在為「離人症」所苦的年輕人中，體格健壯者很多。由此可得見「身」與心的分離。

中國禪在宋代鼎盛，到其後的元代逐漸衰微，此為中國禪宗的歷史。（因異族入侵）於是，中國有名的禪僧一個接一個地流亡到日本。很快地，日本人即使未入宋，也已能吸收禪佛教的精髓。這是鎌倉時代初期的事。在這個時代，戰事不斷，有地方豪族為抵抗藤原一族的專橫起而反叛，更有源氏與平家之爭。在政治形態上，則逐漸趨向中央集權的統治。又，在這個時代，一方面征夷大將軍源賴朝建立鎌倉幕府，另一方面朝廷在京都維持法統，為安定人心，「兩極構造」（以二股力量大致相等的勢力保持均衡的狀態）相互牽制。在「離人症」患者的心中，也可以發現「兩極構造」。那種心理不外是：一方面喜歡以知性統御自己，一方面在道理上又想以自己的感情知性地抑制原因不明的感情衝動。於是，「知性」與「感情」產生對立。因相互對抗不讓，而造成在知性層面所作的思考，和在感情層面所作的思考分裂。而且，由於心只

有一個，所以促成「自己所做的事，卻不覺得是自己所做的」這種分離。為了彌補這種分離，心的能量被無意義地消耗掉。

這並非是五官感覺的障礙，而是如前所述，在企圖彌補這種分離的「無意識」的世界裡，「生命感情」的氣息逐漸消失的病症——這正是「離人症」的實況。

「離人症」的治療方針是令患者停止要找回「真實感」的無謂努力，而令其抱持著「沒有也沒關係，反正早晚會來」這種「等待」的意識。我們精神科醫生常對「離人症」患者這麼說：「即使那樣著急也不用馬上開始。你的煩惱早晚會停止。你一定會痊癒，所以慢慢地等待時機到來就好了。那麼，不可以生起『不等待』這樣的想法哦！只要照老樣子過日子就可以了。畢竟那樣才是早日解脫煩惱的捷徑。」這可以說是停止意識的作用、不使潛藏於「潛意識」世界中的「生命情感」徒然喪失的治療方法上的考量。如此，「患者」逐漸被治癒。

在中國，禪佛教到元代便衰亡了，但在日本反而興盛起來，成為「日本禪」，而延續至今，這不是沒有原因的。一方面有來自中國、定居於鎌倉幕府的流亡禪僧，另一方面，在京都找到根據地的他們之中，出現了抱持可以調和「兩極構造」之心的日本禪僧，這也是禪佛教得以在日本發揚的理由。

有人一面靜靜地觀照世間的轉變以及與之相應而動搖者的心，一面在自己的意識中，知悉「安定、靜寂、靜謐」的必要。擁有這種禪意識的人，可以高祖道元禪師為代表。太

祖瑩山禪師以下的話所具有的說服力，就在於此。

一波纔動，萬波隨來。心識才起，萬法競來。所謂四大五蘊遂和合，四支五根忽現成。以至三十六物、十二因緣，造作遷流，展轉相續。但以眾法合成而有，所以心如海水，身如波浪。如海水外無一點波，如波浪外無一滴水，水波無別，動靜不異。

〔大意〕佛性本來是唯一的。但是，辨別知對人的意識發揮作用。恰如湖中，波浪相繼而來那樣，在一個辨別知挨近時，繼之即有另一「波」接踵而來，如此，一個辨別知不斷地產生許多的辨別知。總之，生活於地水火風（四大）的宇宙中的人，受到各種影響。那是因為要與從色、受、想、行、識（五蘊）這些感覺到知覺、其統合，進而到行動的精神機能對應所致。也有雙手雙足（四支）和五官（五根）所招致的影響吧。但是，這些在佛性下都沒有實體。何況人的身體（三十六物），和意識到現在、未來乃至老和死的心（十二因緣），終究是生生流轉的。就因為佛性包含這一切，所以是「佛性」。因此，心可譬喻為海水，身可譬喻為波浪。有海水，所以有波浪。波浪的興起，完全因為海水。海水與波浪當然無別，不論辨別知要不要起作用，佛性都任由它。

當於心池中投下一顆「煩惱」石時，波即於水面散開，在碰觸岸邊後回返，形成萬波相連的景象。這正表現出人心

的種種狀況。然而，瑩山禪師所見到的絕非如此簡單的人類心理。因為可推斷的是，在鎌倉幕府再度為足利氏族所推翻、戰亂仍持續的當時，遭受殺戮、饑餓、天地變異的人心，就像「離人症」患者那樣，一再為現實感的喪失而「掙扎」，必然想尋求解救之道吧。

「心識才起」並非無緣無故。人們對「能預見明日與未來且有才能者的識」懷有訝異與敬畏之感。因此，他們也會認為「萬法競來」。然而，瑩山禪師自信地說：僅由「坐禪」，不必依賴操縱「萬法」者的識，就能使煩惱的心獲得安定。這段祖述的前半，可說是身為詩人的他借用漢詩「五言絕句」的形式，流暢地表明當時的現象。這和在「離人症」患者身上「展轉相續」、也就是喪失心之悠遊自在的精神醫學事實是能夠呼應的。

例如，有些患者會固執於身體的些微異常。稍有一點頭痛，就懷疑是不是高血壓或腦動脈硬化。或者，也有人偶爾胃脹時，就苦惱這是不是「胃癌初期」。這樣也好。因為藉由及早就醫，就只需要作消除其疑慮的精密檢查。

然而，即使告訴他檢查結果正常，甚至是愈說他正常，他愈覺得：「結果不是這樣，是醫生隱瞞我」，或「這醫生是庸醫」，這樣胡思亂想的人最近似乎越來越多。他們由於對現代醫學失望，而拼命採用現今宣傳的種種健康法。瑩山禪師所說的「萬法競來」，若以現代的情形來說，不就是「成千上萬的健康法正彼此競爭，廣為宣傳其效果」嗎？

　　當然，無可否認的，有很多人對各種健康法深感興趣，並藉著身體力行而恢復健康。但是卻必須知道，這些終究不是對症下藥的療法。

　　一旦因某種理由、某個機緣而將此健康法停止的時候，「身體」的痛苦往往再度生起的現象，即可作為其佐證。

　　至此又將陷入如下的惡性循環：由於心有病而產生「身體」的些微不適，或由於「身體」的不適導致心的苦惱，而心的苦惱又反過來增加「身體」的異常症狀。這種惡性循環，必定是盤踞在「精神神經症」或「自律神經失調症」等的患者內心深處的麻煩病根。

　　若借用瑩山禪師的話，這惡性循環的心理可說就是「三十六物、十二因緣，造作遷流，展轉相續」。三十六物是五臟六腑加上腦、皮膚、頭、筋肉、內分泌腺和血管。所謂十二因緣，是因果的法則，它在過去、現在、未來中作用，宛若人類的業。

　　因果律不適合作心的法則。因此，人們悔恨過去，對未來抱持不安。這與瑩山禪師所喝破的心之亂象 —— 「造作遷流，展轉相續」 —— 相通。阻絕惡性循環，不是凡人容易做到的事。但是說人沒有苦惱，是一種看似矛盾實則正確的說法，他們不外是「但以眾法合成而有」這種甘於妥協地適應現實的存在。因此，他會「心如海水，身如波浪」地被動搖。

　　上述心與「身」惡性循環的起因確實在此。精神神經症的患者常常這麼說：「我並不是多慮。因為『身體』不適，所

以我想我是不是生了什麼重病。因為再怎麼做醫學檢查，頭還是照常那麼痛。早上一起床，我就會立刻確認一下身體是否不適。一這麼做，就立刻出現某些症狀。因此，就會擔心胃出問題，或擔心心臟有危險。在這種情況下，我不由得終日鬱鬱寡歡。」

對於不論身、心都會像海上洶湧的波濤般被翻弄一事，毫無自覺的精神病理，在此很明白地被顯示出來。

要如何從這樣的情況中獲得解脫呢？瑩山禪師不把它寄託於五花八門的技法。而且，他也未說要令如海浪一般起伏的心鎮定。

瑩山禪師所說「如海水外無一點波，如波浪外無一滴水」的話語裡，便下意識地傳達了要人們遠離「不看外界、只執著於人的內心的計量」的智慧。

我們精神科醫生常對「精神神經症」患者這麼說：「你如果那麼執著於自己的感情和內臟的狀況，就不知道這種情況會持續到什麼時候囉！企圖改變心情是很重要的。不可以執著於微細的感情波動。因為人的生命都只有一次。只是長短的差別而已。雖說如此，但生命長短的差別並不是由我們醫生決定的。我想那是由超越包括我在內的所有人類的某種力量所支配的。請拋開醫學萬能的迷思，因為現今的醫學還沒有進步到這個程度。」

瑩山禪師極簡潔地敘述這種精神科醫學的「精神療法」的要諦。以「水波無別，動靜不異」這些文句說得很明白。

簡單地說，水生波和人心有動靜都是理所當然的，這就是瑩山禪師的本意吧。只要有水，波浪就會生起。只要心有「動」，心的「靜」就會被擾亂。坦然正視這些而生存，才是人類生活中的人「心」。

因此，明明像人、卻又想超越人這種自我的計量，不過是想將自己造就為宇宙人，或造就為非人的魔世界的鬼。有煩惱的人，不會因追求「萬法」而獲救。但是，人們卻為尋求例外而拼命奔走，造成了許多「業」。不消說，人只要一降生到這個世間來生活，就免不了死亡的宿命。任誰也無法迴避它。但是，我執卻不斷地排拒它。

再借用 T. S. 艾略特的詩劇《四重奏》所說的一句話，即：「死即生，生即死。」只要是有肉身的人，死可以說是必然的宿命，而想要躲避它的想法，正是我執。艾略特沒有把它稱為我執。他說在絕對的神之下生存的人們，對於自己的命運必須總是謙虛的。

在此，我們有必要知道，敏銳地指出信與智在人心中衝突的西歐詩人的「心」是存在的。智可成為萬人共通的財產，但信卻屬於個人的。在智拒絕生命的死亡時，便產生了促進醫學進步的原動力。然而，信在律他時，以共有的信為前提的規範受到重視，且此種規範可能導致像中世紀把人判為魔女的事件。「心的規章」是「信」。但是，現在我們的「心的規章」已因無法按照外界的變化迅速適應的「業」而畸形化了。

光明終圓照 —— 有益健康的不安，有益的壓力

　　瑩山禪師的心是否達到這地步，可從他的時代背景得知。亦即，觀看有為轉變和天災不斷的世局，並如實地眼觀禪佛教尚未確立的時代的瑩山禪師，他的存在沉默地表明這點。

　　故云：生死去來真實人，四大五蘊不壞身。今坐禪者，正入佛性海，即標諸佛體。

　　〔大意〕這點現在已經很清楚了。生與死，過去與未來，這些都不是各別的東西。人們天生是有為轉變的身與心。眾生在以坐禪之力體現佛性時，其身心本身被導入佛性大海，超越無常而成佛。

　　在此，我想能夠找到治癒心苦惱者的方法。我希望將當時苦惱的人對於瑩山禪師坐禪的風姿銘感於內的事實，納入精神科的醫療之中。其理由見於以下瑩山禪師所說的話中。

　　本有妙淨明心頓現前，本來一段光明終圓照。海水都無增減，波浪亦無退轉。是以諸佛為一大事因緣出現於世，直令眾生開示悟入佛之知見。而有寂靜無漏妙術，是謂坐禪。

　　〔大意〕如此，坐禪是如諸佛所行之姿那樣地實踐。人

類內在本具的佛性，它的特別清淨的光輝產生，它作為光明
正大圓滿的心，更加輝煌燦爛。它正如海水無增減、波浪興
起亦對其無妨害一般。

　　拓開佛性這件大事，沒有其他方法，只能以坐禪來達成，
因此，便產生了為佛陀及以後代代祖師所修、並流傳至今的
坐禪法。坐禪才是唯一能將佛陀的智慧讓每個人分享的方法。
可稱之為開啟對內在佛性的覺悟、使心寂靜、同時令因煩惱
而窒息的心獲得自由的妙術。這才真是坐禪。

　　人的心本來就是即使處於困難和壓力之中，也具有抗拒
它們的復原能力。醫生所體驗到的是：不論人罹患什麼樣的
病，他都有「自然的治癒力」。「自然治癒」是證明人具有「妙
淨明」智慧的一個例子。

　　最先從醫學的立場證明此事的，是美國的醫學研究者漢
斯・謝勒（Hans Selye, 1907–1982）博士。這是距今 50 多年
前的事。

　　不用說，它是現今流行的所謂壓力 (stress) 這個語詞的開
端。我想事先說明的是：謝勒博士並沒有將壓力說得一無是
處。這樣說雖然稍微迂迴了一點，卻可將謝勒博士的「壓力
反應」說明得更清楚，讓大家更能了解。

　　人的身體在寒、冷、暑、痛，及細菌等的疾病根源之外，
再添加「壓力」時，一定要有對抗這些以保持身體之功能的
復原力。這是身體本來具有的能力，謝勒博士稱此為「恆常
機能」。

　　總之，身體的功能暫時或偶爾在某段期間由於「壓力」
而變成不正常的同時，復原力會立即發揮作用來抑制此種不
正常。然而，身、心由於此種「抑制作用」而產生更多的症
狀。謝勒博士稱此為「一般適應症候群」。

　　謝勒博士指出：造成此復原力的作用，為副腎皮質（在
腎臟上方的內分泌小型腺體）的機能所致。會分泌數種腎上
腺荷爾蒙，而它的合成劑也被開發出來了，對種種難治的疾
病也有驚人的效果。

　　可是，根據大腦生理學，支配副腎皮質荷爾蒙（被稱為
皮質酮）的分泌的，是位於大腦中央深處的下視丘。依照蓋
爾何恩教授和已故的時實利彥教授所說，下視丘也是職司人
的感情的中樞。由於這些研究，「壓力學說」—— 主張壓力不
只會對身體造成影響，並且也會影響到心理 —— 便產生了。

　　通常，對「壓力」一詞總是傾向只強調它的有害作用。
姑且不論其有害作用，其實，我們也有相當好的理由可以相
信也有正面的、有益的壓力，它可以促進心原本就具有的復
原力。人若認為最好沒有「壓力」時，他就會變懶惰，因此
根據謝勒博士的「壓力說」來說，認為壓力全部都不好，是
偏頗的想法。適度的「壓力」之所以必要，乃是因為在身、
心兩方面的作用上，壓力能使人激發出他本來就具備的自然
治癒之力，亦即復原力。

　　瑩山禪師的「妙淨明」和現在醫學上所說的「壓力說」
並非無關。更且，「妙淨明」的「妙」指「簡直無法形容的優

秀之事、非常巧妙之事」。因此，作為禪者、同時也具有詩心的禪師的想法，在此充分地被表現出來了。把身、心是一體之「妙」，和身、心所「本有」（具有）的自然復原力之「妙」，說為「本有妙淨明心頓現前」，這樣的描述宛如一舉道盡了坐禪的功德。

我在之前已說過：瑩山禪師所確立的，與其說是日本的禪，不如說是「禪」本身。而且體會到：瑩山禪師將「坐禪」置於禪宗修行法的核心、且記述坐禪「用心」的體驗，已捷足先得到現今身心醫學的本質。

在禪師說了「本來一段光明終圓照」及其後的話之後，或許沒有必要再畫蛇添足多說些什麼。但是，由於精神病患者日漸增加，此外也為了許多可能成為其中一份子的現代人，在此想要說明一個醫學的事實。

那是由日本大學醫學系的武村信男博士所做的實驗結果。「數息觀」是一種坐禪的初步修行法。武村博士與我一起合作，嘗試進行這樣的研究：對有強烈不安全感而接受各種精神醫學治療的患者，一面追蹤其治癒的經過，一面讓他們做「數息觀」，並記錄他們在那個時候腦波、呼吸、脈搏數等的「身和腦」的變化。其結果為：當受到精神病侵襲、「病態不安」很強的時期，腦波、呼吸和脈搏都非常混亂，但是「病態不安」逐漸轉化為健康的不安時，這些現象也就逐漸地安定下來。

以下即舉出一個例子。有個病患說：「醫生！我到現在，

心臟還是撲通撲通地跳，持續為胸口鬱悶的感覺所苦。起初，對醫生所說的『數息觀』等，怎麼樣也無法繼續做下去。可是，醫生叫我這樣做的心情漸漸傳來給我，真是非常奇妙。我終於也認為應該可以以自己的力量治癒這個病（精神不安症）。並且了解：這樣做的話，一直以來胸口強烈鬱悶的不舒服感自然會消失。現在我修『數息觀』，好像也做得很熟練了。我也自覺到自己那分執著──過於執著自己『胸口強烈鬱悶』──是不對的。當然，即便是現在，也還有不安。可是，不將不安視為有益的壓力，或許我這樣的心是不正確的。我是把『有也沒關係』的不安，多慮為『不可以有』吧！我已有自信。我想：從現在起我可以憑自己的力量來做……。」

　　對我說這些話的 A 先生，他的腦波、呼吸和脈博數在他做「數息觀」期間非常安定。據武村博士說，他現在活躍於忙碌的企業的第一線上。我毋寧認為：A 先生已經掌握了從「病態不安」到具有「自然不安」的人類存在的自覺的要點、絲毫不執著、能自在地對應現實的「圓照」的心。

　　「壓力」不是全部都不好。又，以為有「不安」就會變成精神病，也是錯誤的想法。

　　由於想避免壓力、除去不安等，反而產生逃避現實、認為現實都過於「嚴酷」的第二次不安。在專門術語上稱此為「浮動性不安」。姑且不討論導致此不安的心理病根，當被「浮動性不安」侵襲時，人本來具有的復原力完全喪失。這是必然的。

　　平常自認很健康的我們，有時也會受到「浮動性不安」
的侵襲。例如，從「是否可以在這次進入的這所學校裡好好
地讀會這一科目呢?」「雖然如願進了想進的公司，但真的能
獨當一面嗎?」等的不安，到「早上睡醒後情緒不好，頭暈。
這是高血壓嗎?」或「今天有重要的會議。我應該已做好充分
準備在會議中提出意見，那麼，不要緊吧。要是怯場的話，
就糟了。」等的不安，都屬於這種「浮動性不安」。

　　這樣的「不安」正是令構成人類進步之源的不安轉化為
「病態性不安」的要因，不可過於相信。但是，十分謙虛的
人更必須要了解：具有這樣的不安的人的心。因此，瑩山禪
師所說的「本來一段光明」，並不會造訪沒有不安的心，但一
方面由於它會「圓照」，所以「終」這樣的心境變成很要緊。

　　人類的生活確實有生和死。然而，在活著的期間，是既
沒有開始也沒有終了的。或者正如尼采所說，我們也許正承
擔著「永劫回歸」的宿命性存在。祁克果則說人們把「死的
不安」這種人類存在的課題派給自己。

　　我不由得覺得，瑩山禪師在「終」這個短短的語詞中似
乎裝有這些哲學家所說的宿命。我也認為，瑩山禪師是因「一
段光明終圓照」而說坐禪的「妙術」的。它的醫學實證，雖
然已被我們解釋明白，但容後敘述，在此想要闡明其真髓的，
是瑩山禪師所說的「海水都無增減，波浪亦無退轉」這些話。
在覺知「終」的時候，精神病患者即痊癒。然後，人類將會
致力於不讓健康性的不安轉化為病態性的不安。可以認為這

是基於「人」——即使面臨「海水無增減，雖有波浪興起」
亦不服輸——所具有的「無退轉」的心之柔軟性所致。

　　進一步說，在「壓力」之中，即使不加以區別正面的壓
力或負面的壓力，人們本來就具有越過它們的知性和感性，
因此瑩山禪師如下勸人：要那樣地持心。我想在此處的表現
中，瑩山禪師所具有的論理性恰當地被呈現出來，同時，禪
佛教的本旨亦被洞悉——「是以諸佛為一大事因緣出現於世，
直令眾生開示悟入佛之知見」。

　　此處所說的「一大事」，指的應是人們自然具備的復元力，
也是對抗壓力不分「身」與「心」的醫學作用。原因是結果，
結果又成為另一個原因，這是因果律的主張。但是，人們的
「心」不受這樣的因果律支配。這點如卡爾‧雅士培——德
國優秀的精神病理學者晚年成為哲學家，也擅長寫作——所
指出。他敘述這個原委如下——「人心即使有某一個意義是
共通的，但不一定做相同的反應。對某個人而言是悲哀的事，
在另一個人身上卻映現出高興」。可以這樣解述意義的措辭，
見於他的著作《精神病理學總論》中。總而言之，雅士培說，
人心是完全不能以因果律來衡量的。

　　著作《夜與霧》的猶太裔德國精神科醫師弗蘭庫爾，就
經歷過幾乎相同的極限狀況（亦即納粹在奧斯威辛
Auschwitz 建立的集中營），他在他的作品中即詳細地描述那
些被關在那個集中營的人的心態：有人只能像「動物」那樣
行動，相反的，也有人能做出和神一樣的行為。

　　因此，「諸佛」就是眾生。「佛」指的不就是不論遭逢怎麼樣的狀況，怎麼樣的因果，都抱持著不認命的心的人嗎？雅士培所說的觀念，與弗蘭庫爾經驗到的人心的事實，此二者一定早就和寫出「因緣」以及「佛之知見」的瑩山禪師的體驗黏在一起了。而將「諸佛」改說成「佛」，其中說「開示悟入」。說這樣的「因緣」的瑩山禪師，他的覺知一定遠遠超越一面意識到藍眼睛的「神」，一面戰戰兢兢地主張「人心」的 autonomy（自律性）的雅士培和弗蘭庫爾。因此，我能夠想像：瑩山禪師是滿懷自信地做出「而有寂靜無漏妙術，是謂坐禪」這樣結論的。

三昧王三昧 ── 三昧的心理

　　在此，有必要談談坐禪的心理學。在這之前，我們先來看一段瑩山禪師說的話吧。

　　即是諸佛自受用三昧，又謂三昧王三昧。若一時安住此三昧，則直開明心地，良知佛道正門也。其欲開明心地者，放捨雜知雜解，拋下世法、佛法，斷絕一切妄情，現成一實真心，迷雲收晴，心月新明。

　　〔大意〕諸佛自己所修坐禪的本質確實可稱為三昧。雖然在念佛三昧、法華三昧等之外，也有各種稱為三昧的心之

境地，但是，冠於這些三昧而為王的三昧，才是藉由坐禪而得的。假如於一時體得此三昧的境地，應能自覺到具有佛性的自己本身。在眾多的法門之中，能夠進入本來的佛道的，可以說只有透過坐禪一途。

首先，知道自己本身、希望覺悟佛性的人，不可不捨去思考的混雜面。而且，不但對世俗的習慣，連對佛所說的淨土，都不須執著。若除去一切妄念，則在日常生活中，便能覺知自己真正所想要的是什麼，且能與之相應而改正自己的缺點。如此，煩惱的迷雲消失，心境明朗，令心大放光輝的新自己自然呈現。

在瑩山禪師的這段文章中，成為關鍵字的是「三昧」。當然，從佛教的立場來說，三昧是 samādadhi。它也被譯作「禪那」，但對其本質概念加以敘述則不是我的專業。

上溯日本的歷史，可知這個語詞出現於《源氏物語》的椎本的末尾，在那裡有「かの行いたまう三昧今日果てぬらむ」（其所行之三昧，今日無終盡）這句話。如依其文脈而言，則是一心不亂地修行，以求心的安定，遠離「雜知、雜解」的意思。

又，《平家物語》之三，「赦文」中說三昧是「埋葬死者的場所」，這個姑且不論。在《玉塵抄》中可見到「每日至暮，為琴三昧。以此為業」這樣的句子。這可解釋為：人的心趨向某個對象（此處為琴）地專心從事的意思。

已故的東京大學教授佐久間鼎在其所著之《神祕體驗的

科學》一書中，把「三昧」當作達到覺悟的前提條件的心理而加以敘述。亦即，他說「一心不亂」、「專心從事」的心理是人的心中自然產生的「默照體驗」。這是將默然的心反應，而後心又對此重複反應之一如（外表的呈現雖不一致，內在卻是相同）的心理概念化為「默照」的獨特建議。

　　以心理學的用語來說三昧，它即是「注意集中」的心理機能。如此說來，在古代的語詞中即有所謂的「讀書三昧」。其意便是指一心一意地埋首於書本內容的「讀書機能」。不論是日本古來傳統的「茶道」也好，「能劇」也好，在從事此道的人們的心中，有也可說為「業」的心之傾向。

　　「雜知、雜解」是指涉獵茶道、插花、能劇、讀書抑或是俳句，現在則是指擅於各種運動。簡而言之，心被這些所吸引時，人們的心逐漸散失也是可指出的事實。這沒什麼理由，有時候世上也會有超出常情的情況。如瑩山禪師所說，要「拋下世法、佛法」。

　　現代的年輕人，特別是面臨考試的人中，有很多會訴說：「用功時，精神不能集中」、「愈想集中，雜念愈多，愈不能專心」、「因此，能不能幫幫忙？」他們前來我們這裡諮商。也從某位老僧處聽到：出於這種意圖而參禪的人越來越多。

　　現代生活中的刺激太多了。也有學生一面看電視，一面利用播放廣告時做數學題目。這等於就是在看（電視）的時候「一邊看，一邊思考」吧，我不否定這樣的實況。為什麼呢？因為所謂「思考」是：即使總是渾渾沌沌，只要在想，

遲早總會有結果。

雖說如此，但不指出「一邊……一邊……的思考方法」對解除內心的苦惱完全沒有效果，也是偏頗的。「憂鬱症」的患者說：「該怎麼做才好呢？我總是很迷惑。平常，連立即能下決斷的事，也不能做出判斷。我真正受不了的就是這點。」

「憂鬱症」，一言以蔽之，就是心病、感情的病。「憂鬱症」患者不能下決心、做判斷，不只是因為他們的知性為疾病所侵擾。感情層次的憂鬱感都是這樣形成的，儘管對任何事情的緣由及其結果都了解，但仍由於「妄情」、「迷雲」而躕躕不前。

因此，他們對我們訴說他們注意力集中的能力衰退：「不但注意力不能集中，連平常若無其事地做事，也非常不起勁。」其中，也有人說：「一開始想，頭就痛」，「愈想要注意，就愈不知道注意到什麼地方去了」。在此，連「不安」和「自卑感」不停地打轉的心的病根，也能發現。別說「斷絕一切妄情」，反而由於對生病的不安和自卑感，產生「自己已經沒用了」、「自己過去以來所做的努力完全空白」、「無論如何，自己連獨立生活的能力也沒有，麻煩家人和同事、上司，很對不住」這樣的妄想。這也可說是「三昧」的心理的失敗吧。而且連失去「一實真心」的杞人憂天也會暴露出來。

夏目漱石在《行人》一書中，生動地描寫書中主角的心境時所寫的一段話：「重雲覆頂、怎麼也應付不了的心情，反倒有些迷迷糊糊了起來。」這或許是漱石自己為「鬱悶的心情」

所困的心情的如實表現。

這點姑且不談。研究坐禪的心理學者清楚指出的事實是：藉修行坐禪，心在任何時候、任何地方，都會很專注、很開朗，並且能持續不變。瑩山禪師稱此為「佛道之正門」。以下將敘述它在醫學上的理由。

似還家穩坐 —— 無意識的世界

十九世紀末，巴黎流行著一種怪病。此種疾病有痙攣、失明、站不住、走不動等激烈的症狀，這是現代醫學所說的有腦病之疑的「烽火」症狀，在當時巴黎社交界的貴婦人和已婚女性間蔓延開來。醫學史記載：許多罹患怪病的患者排隊求診於「沙魯貝多利埃魯醫院」的高明神經科醫生夏陸高教授。

但是，夏陸高教授在診察所有患者後，並沒有發現「腦和神經」的異常；這種異常是導致激烈症狀的原因。他左思右想，不知如何治療，甚至說：「這是向醫學挑戰的『怪病』。」在當時的巴黎，「沙魯貝多利埃魯醫院」可以說是醫學界最高的權威。那家醫院的「教授」這樣說，因此這種病一定是「怪病」。

當時，一位在夏陸高教授處當助手學習神經學的年輕人，即後來頗負盛名的佛洛依德，也和夏陸高教授一起診察那些罹患「怪病」的患者。當然，他也傾全力研究這個怪病形成

的原因。

　　就在夏陸高和佛洛依德著手研究此「怪病」之時，出現
了治療「怪病患者」的方法，即現在所謂的民俗療法。那就
是在巴黎歌劇院附近一棟大樓的屋內進行的「磁氣療法」。治
療者是來自德國的流浪漢安頓・梅蘇美爾。這消息在患者之
間迅速傳開，而且實際上「治癒者」陸續出現了。佛洛依德
或許是從患者處聽到這回事吧。他很快就請夏陸高教授領取
皇家科學院的研究費，並拿他開出的證件前往那裡作調查。

　　在那裡，年輕的佛洛依德看到的是：女性們緊緊抱住被
安置在梅蘇美爾的神祕兮兮的密室中央、稱為「磁氣桶」的
鐵桶向周圍突出來的鐵棒，很不得體地露出雪白肌膚，並激
烈地發出呻吟聲的景象。一或二小時後，梅蘇美爾出現了，
他的手一觸摸到「磁氣桶」，那些女子就同時停止哭泣聲和呻
吟聲，整理衣裳。於是失明的人張開眼睛，不能站的人也站
起來，她們高高興興地消失蹤影。

　　佛洛依德有洞察力的眼睛並沒有漏看這個過程。他注意
到在這個現象——在觸摸到鐵棒時，露出雪白的肌膚、發出
呻吟聲、扭動著身體的女性，在梅蘇美爾的「磁氣治癒你」
這樣的大叫聲後，突然清醒過來，恢復貴婦人似的舉動——
深處的重要事理。

　　佛洛依德和他的同事倍爾捏姆聯名發表這個現象。他說：
罹患「怪病」的女性的內心，一再地積存著「不舒暢的情緒」。
當她緊緊抱著「磁氣桶」的鐵棒，暴露出很不得體的狂態時，

患怪病女性心裡的「不舒暢的情緒」被發散出來，這樣的發散會治癒怪病。他和倍爾捏姆都認為：沒有「磁氣桶」也能夠達到同樣的效果。那個方法不外是解除心理不舒暢的情緒的竅門。如此，倍爾捏姆創始了「催眠療法」。總之，用暗示取得潛藏在內心深處的「不舒暢的情緒」和「積鬱」、從那壓抑中將心解放出來的治療法，可以說至此被確立了。此即是今日的「催眠療法」的濫觴。

佛洛依德將此比喻成打掃滿是「灰塵」的煙囪，將倍爾捏姆的催眠法說為「掃除煙囪」。以專門術語來說，此「掃除煙囪」一般被稱為「淨化法」（katharsis，感情淨化），直至今日，仍被認為是精神療法的初步階段。被認為是「腦和神經」的重要疾病的「怪病」，藉著催眠法而急劇減少。結果，揭露出這個事實：內心「不舒暢的情緒」和「積鬱」會促成人的身體極端失調。

倍爾捏姆從各方面來看似乎是一位實踐者。相對於此，佛洛依德則是一位理論家，他一直在思索：「為何這樣做患者就痊癒了呢？」一方面，夏陸高教授稱此「怪病」為歇斯底里（子宮的意思）。這相當於現在所說的精神症之一的「歇斯底里」。據說這是從「子宮」的希臘語源想出來，因為在夏陸高教授的時代，此「怪病」被認為是「女性的疾病」。

佛洛依德著眼於此。總之，在罹患「怪病」的女性的內心深處，他發現到連患者本身也沒有注意到的性壓抑；他也發覺到貴族社會中即使性的不滿足已根深柢固、也不能表現

出來的禁忌 (taboo)。

　　如此，佛洛依德成為第一位明白地宣示：性本能和壓抑此性本能之心的「不舒暢的情緒」是左右人類精神生活的原動力的人。精神分析學說於是誕生。佛洛依德的精神分析，是在說明於意識的精神生活的深處、悄悄地左右性本能的潛意識之心的全力變動。

　　佛洛依德稱此性本能為「性衝動」(libido)，將此歸為廣義的性本能。據佛洛依德所說，潛意識的世界是性本能所操控的動物性世界。在佛洛依德之後，許多精神分析學者雖將佛洛依德學說稍作修正，但其基本沒有太大的差別。有關於此的詳細說明與本書的主要旨趣不合，因此省略不談。

　　在此想要說的是：精神分析所發現的「潛意識」世界，在完全把握心中的實況這一點上，確實很精彩，但成為其基礎的，不得不說是「性惡論」。因為「精神分析療法」揭發在人們心底的邪惡的潛意識，而藉著追求對它的洞察來治癒患者。或者也可以說：沒有注意到在有病的心的深處，住著一個叫著自己的惡魔，因此病不能治癒的想法，成為它的前提。如已述，在此或許能夠指出美國的精神療法行不通的理由的一端。事實上，佛洛姆尋求打開這個難局而在和鈴木大拙合著的《禪與精神分析》中，間接地道出這點。

　　佛洛姆和鈴木大拙將人類的潛意識的世界名為「宇宙的潛意識」，將洞察此世界的心理機能冠上禪所說的「悟」。恕我大膽地說：我覺得那是牛頭不對馬嘴的主張，鈴木大拙也

只是巧妙地加以利用罷了。雖說如此，但我無意議論一代禪學大師鈴木大拙。我只想說：在鈴木大拙的許多著作中，從《禪與精神分析》裡的陳述可以讀到的只不過是現代精神分析學者的苦惱；他們正在重新認識的、在潛意識中被雕塑過、不善不惡、超越的心性。

以下瑩山禪師的話，可解作一舉確切地指出我一直在嘮嘮叨叨地述說的想法的表現。

佛言：聞思猶如處門外，坐禪正還家穩坐，誠哉。若夫聞思，諸見未休，心地尚滯，故如處門外，只箇坐禪，一切休歇，無處不通，故似還家穩坐。

〔大意〕聽聞佛語雖好，但那樣終歸只在佛門之外。然而，人們不可不發現內在的心吧。因此，一定要正如在自己家中那樣，按照心的意思坐禪。這點，雖然祖師已說過，但可說恰好符合坐禪的本質。

在此，瑩山禪師所說的「佛」，好像是在指釋迦牟尼，但此一語詞自身是瑩山禪師採用的。我想它也是包含禪僧－－為禪佛教奠定基礎的中國和日本前輩－－的語言。

釋迦牟尼是印度王朝的太子，據說他也有妻有子。釋迦牟尼捨離他們去出家遁世的理由，據傳是因為他覺得「人生無常」。但是，釋迦牟尼為什麼感到無常，則不詳。

屬於季風（monsoon）地帶的印度，即使在古代，也已是

颱風以及隨著它而來的旱魃、洪水等相繼威脅生命的地方。
人們處於生和死只有毫釐之差的狀況。在大自然猛烈的威勢
中，死亡是司空見慣的。不用說，那些天災已將人生無常的
印度培植於人們的心中。婆羅門教以及其他種種宗教哲學已
被創立於三千數百年前的印度，尤其對當時的知識分子而言，
這些都是提供救贖的宗教。許多賢者哲人以各自的語詞述說
「救贖」。

釋迦牟尼在菩提樹下坐禪而終於開悟之前，曾聽過這些
有關「救贖」的說法，他自己也面臨著無常人生，因而努力
將這些說法當作自己的思想。他這些事情都是可充分推測的。
然而，他對這些無論如何都不能令人滿意的念頭很著迷。或
許生不是由於有死才有無常的；他決心摸索在有限的人生人
獲得安身立命的方法嗎？

釋迦牟尼成為「釋迦牟尼佛」時，他的豁然大悟一定如
明星般發出光輝。這是持續「坐禪」而使心從念頭中解脫出
來的結果，而且，他也一定感悟到印度各教派所提出的教義
真髓。瑩山禪師把這樣的事說成「聞思猶如門外，坐禪正還
家穩坐」，並進一步曉諭：任何人停止把聞思擺在門外的處置
時，他應能體驗坐禪。

坐禪者，是明己也 ── 覺悟與潛意識

有「懼人症」這一種精神病。這症狀（與其說它是種精

神病，不如說是苦惱或許來得適當些）的特徵是：「一出現在人前就慌張，想講的話連一半都說不出來」、「與人接觸時感到害怕，眼光一和人接觸就語無倫次」，以及「想和他人輕鬆自在地交往，但卻又做不到，因此感到很著急……」等。這樣的病徵大多好發於比較傾向理想化、理論化的年輕人之中，換句話說，也就是在許多帶有嫉世惡俗的「正義感」的人身上經常可見的苦惱。

為了解決這苦惱，他們大量閱讀古今中外有關哲學及宗教的書籍。然而，矛盾的是：愈是努力閱讀想尋求解答，自己的苦惱卻非但沒有解決，反而倍增。最後，他們就只好求助於我們精神科醫師。

而在求助於精神科醫師之前，也有不少人曾對禪感興趣，並加入禪寺的參禪會去坐禪。但這樣做也沒有用，他們仍舊無法解決自我的困境，於是前來拜訪我們。

他們竭盡所能地用理智去分析對人感到懼怕的理由。例如，他們會異口同聲地這樣說：「歸根究底，是我的自我意識過高使然吧！」儘管如此，他們還是不能放下「自我意識」，在執著於「自我意識」之餘，忘了人和人交往時需要自然。如此一來，不斷地使自己鬱悶的心更加鬱悶。因此，在他們和人交往時，常常就會顯出執拗不圓融的態度。一般人會覺得很難與這種有「執拗態度」的人交往，因此會對他們敬而遠之。如此一來，又會使得他們的苦惱像滾雪球一樣愈滾愈大。這也可以說是理智的惡性循環。為什麼會這樣呢？他們

也曾悲切地向我訴說：「雖然理智上覺得這樣做很愚蠢，但情感上卻不讓我就此放過，別再執拗。」這是患有「異性恐懼症」、「害羞恐懼症」和「自卑情結」等的人們內心共通的病根。他們只是一味理智地分析，因此不知「心地」，雖然口口聲聲說自我意識過高，卻從不擁有「自己」，被他人眼中的自己奪走自己所有的「心」。

這種情形，再度借用瑩山禪師的話來說，就是：「諸見未休，心地尚滯，故如處門外。」

而對於這些人所採行的「精神醫學療法」則是像這樣地告訴他們：「這樣就可以了。你的苦惱在於過分執著。要擺脫如此執著的途徑只有一條，那就是：『這樣就可以了』，在不斷地追回自我，使自我化為現實的過程中，也只能一步一步地將煩惱從煩惱中拔除吧……」「總之，就先等待吧。反正你老是不斷地煩惱，有期待某些事情來臨的空檔也好呀！」這樣的說法可以使他們先讓頭腦冷靜，回歸到心中自然的一角，慢慢地等待理智和情感一致的時刻。

所以，上述的做法就是把「故似還家穩坐」這樣的語句，置換成「使自我化為現實」、尋求理智與情感調和的「餘裕」，這樣的「精神醫學療法」。

瑩山禪師在這一段文字裡說明「坐禪」的效用。而且，在《坐禪用心記》裡，第一次出現「穩坐」這個語詞就是在此處的引文中。這段文字充分說明了：將自己和他人、自我和他我的辨別知都視為「門外」之物時，才能明白瑩山禪師

所說「只箇坐禪，一切休歇，無處不通，故似還家穩坐」的
「坐禪」真意。

瑩山禪師更進而說：

　　而五蓋煩惱皆從無明起。無明若不明己也，坐禪者是明
　　己也。縱雖斷五蓋，未斷無明，非是佛祖；若欲斷無明，坐
　　禪辦道，最是祕訣也。

　　〔大意〕即使斷了五種煩惱，它們仍然會生起。之所以
會這樣的緣故，是未知曉自我的本性、未能確立自我，總之，
是起於未能窺見佛性的心性。將這稱為無明，意味著只固執
於自己的煩惱。唯有透過坐禪，才能去除「無明」而覺知自
己的本性。即使說已將貪欲、嫉妒、愚癡、睡眠和後悔這五
個煩惱全部除掉，它們還是會和其他的無明接連起來。要完
全脫離妄念，最好的方法就是坐禪。如果不坐禪，任何人都
不能見悟佛性。

　　此處所謂的五蓋煩惱，被認為與「懼人症」的症狀——
意識到他人，並將這樣的意識視為自我意識加以抱持——可
說不無相關。以為頭腦懂了，心與身就會跟著知道，是現代
人的迷妄吧。然而，不知道坐禪本意的人，不認為這是迷妄。
於是，汲汲營營於斷「五蓋」煩惱，以謀求身和心的自由。
但從精神醫學上說，這只是逃避麻煩的人際交往、將自己關
在自己心中的一種「壓抑」。從某種意義說來，我們從這樣的

行為中可以看到，一種想把現實和自我意識的對立去除掉的逃避心理。

　　這樣說的證據是：他們雖然有特殊的才能，卻寧願放棄展現它，只想藉著關在自己殼中的心理操控，稍微找到安穩，得以暫時解圍，落入一心只安於「斷五蓋」的消極心態。如此一來，他們好像成了自己把人生之道關閉的人。或者是說他們也許不努力於覺知自己自然本具的潛能，而只想要培育習慣於環境的心性。

　　用以治療「懼人症」的「精神醫學療法」就是要他們忘記這一點。精神科醫師對他們說「回歸實然」、「暫且等待」，都只是為了指出以理智運作所致的「惡性循環」，乃是羅患「懼人症」者之心的病根。

　　瑩山禪師很巧妙地指出這一點。他所說的這段，與其說是文章，不如說是他將自己從苦惱中解脫的體驗，以言語道出的慈悲的湧現。他在「縱雖斷五蓋，未斷無明，非是佛祖；若欲斷無明……」中，明確地把它表現出來。

　　此處提供了生活於現代的我們一種可能，那就是種種精神分析學說所提倡的「潛意識」，在另一個方向發展的可能性。它既不是性善也不是性惡。它是人心和佛性成為一體的可能性。由此可知：禪佛教所說的「禪那」，或釋迦所證、超越無明的心的境界（悟），是作為世人本具的心的「無意識」而具備的。這個方法不就是「坐禪辦道最是祕訣」嗎？

心無思，身應無事 —— 身心健康法

最近名為某某健康法的書接連不斷地出版。由於也有人送我一部分這類的書，因此閱讀這類書的機會也變多了。若直言不諱地說出我的讀後心得，則是「原來如此」、「也有這樣的觀點啊!」。使得身為擔負現代醫學重責者之一的我，領教到以進步、進步為目的的醫學研究的「缺失」，而大為震驚的機會也不少。

最近「國際治療座談會」在東京召開，我也受邀出席。討論的主題是「醫師、藥物與患者」，由各科的醫師發表演說，十分有意思。而我也在會中以精神神經科醫師的立場做了一場演講，這暫且不論。但我卻記得在座談會上，M 博士從「東方醫學」的觀點對這個主題所提出的建議，非常深得我心。其建議概略如下：

M 博士在會中強調，中藥這種藥物治療的精神所在，是完全基於醫師以觸摸五官、六臟之上的肌膚來判斷的診斷法。亦即，充分說明了在服用蘊含中醫精粹的中藥之前，撫觸患者五官、六臟的「肌膚接觸」的效用乃是用藥的前提。這樣的診斷法，僅見於「東方醫學」。而且，不仰賴醫療器具，醫生的手就直接地透過皮膚觸摸內臟器官。這種方式在西方醫學中也曾以「觸診」之名受到重視，當作診斷的步驟之一。但是，現代醫學忽略了「觸診」，取而代之的是運用巨大且精

巧的檢查儀器，按照患者所感受到的症狀來做診斷。其結果
是以計算出來的數字或訊息為資料，來做診斷及進行治療。
的確，這種方式比起「觸診」似乎有更為精確、客觀，而且
少錯誤這些優點。

　　然而，在這種過程中被遺忘的卻是：患者和醫師之間的
人際關係不得不喪失了。那是因為有精巧的檢查器械這種出
奇進步的物質介入。譬如，用以前被視為醫師象徵的聽診器
來判斷心臟極微細異常的技術，現在已經被心電圖和心音圖
自動記錄的資料所取代了。現在年輕的醫師認為這種方法才
是正確的，因此已經不太將聽診器掛在身上了。

　　我並不是想在這裡討論這種做法是否得當的問題。就「東
方醫學」的診斷法而言，M 博士所重視的是「觸診」這種「肌
觸技術」(skinship) 所具有的東方醫學的特徵。M 博士指出：
中藥的處方是當然，不過「肌觸技術」的診療法，同時在治
療上也發揮了很好的暗示效果。這使人對於生病與否都能坦
然處之，可說是人心都期望「親切溫暖」吧。

　　例如，我曾從某位專門醫治癌症患者的醫生之處聽聞：
雖然罹患癌症的病人當中有很多都是憑直覺覺得自己得了這
種病，但是，在經過醫生以「觸診」診察之後，就會變得相
信醫生的話、忘了直覺、忘了癌症，變成專心一意療養身體
的態度。由此我們可以了解，人類的心是有力量把自己導向
平安的。

　　在現代流行的「健康法」之中，最欠缺的是沒有宣導這

種心的復原力。教人怎樣做雖也很好，但在說明身體的健康
法之餘，卻忘了心的健康法，對這一點，作為精神科醫師的
我，還是懷有畏懼。技術革新所到之處造成的影響也及於醫
學。若要我說說我對此畏懼的理由的話，應可指出這樣的矛
盾：所謂「健康法」的書，使得人們不再相信現代醫學，片
面地藉自行管理自己的肉體，而打出不要現代醫學的教條。
於是，我們所生存的這個時代變成由「知」生「妄」、「妄」
損害「知」所具有的本質的時代。生活在其中的現代人確實
不幸。然而，現代人固執於亦是妄念的知，似乎一向不把它
當作「不幸」。因為這樣的結果造成很多罹患被稱為「精神症」
和「自律神經失調症」的病人。

　　這就是我想以瑩山禪師以下的話來說明「坐禪」這種身
心鍛鍊法在醫學上的意義的理由。

　　古人云：妄息寂生，寂生智現，智現真見。若欲盡妄心，
須休善惡之思，又須一切緣務都來放捨，心無思，身無事，
是第一用心也。

　　〔大意〕古人也曾說：若去除惡的心、不正的心，則清
淨的意識自然而然會顯現，並由其中產生現實不動的智，而
能見「真」。不能因為想要征服妄心，就啟動分別善惡的機制。
而且，不應把一切互相牽扯之事變成善惡、良否的煩惱而以
心思想，且對身體也不應如感受那樣地意識。不論是什麼都

應摒棄在外，這才是坐禪時最應用心的事。

　　在此所說的「是第一用心也」一語含有很深的意涵。我想，能夠觀見這一點的瑩山禪師，果然是一位實踐者，擁有能夠直視現實的殊勝精神力量。「坐禪」的科學性，在於其中。以下，我必須依據我的坐禪腦波學的研究成果，對坐禪與腦波做淺顯易懂的解說。

「默照體驗」的科學 —— 坐禪與腦波

　　在此說明「腦波」是什麼或許有些唐突，但卻有必要。

　　人類的腦每天二十四小時都在活動。客觀地顯示它的活動狀態的是「腦波」。例如，睡眠時，人的腦波一秒鐘有五至六赫茲 (Hertz)，而在睡得很熟時，則呈現三至零點五的慢速波（此亦稱為徐波）。相反的，醒著而且活動旺盛時，呈現三十到五十赫茲的快速波，也就是變成 β 波。人在睡眠時他的腦呈現慢速波，而人在醒著時，他的腦顯示活動型的 β 波，無論如何，腦都是在不停地活動著。

　　睡眠時，腦的活動休止，這是普通的醫學常識。因此，慢速的腦波意味著腦處於休息的狀態。以專門術語稱為 θ 波或 δ (delta) 波的腦波，即相當於此。

　　醒著時的腦波，大體上為 β 波，但是即使如此，它也會在工作的空檔，或在被功課和家事逼得想喘一口氣的時候等，又變成別種波型。這是每秒十到十二次左右反覆出現的清晰

腦波。這稱為 α 波，總而言之，這是醒著活動時的腦想要求歇息時所出現的「安靜波型」。這時不同於睡眠，心情是處於舒暢而愉快的狀態。腦波學者也明確指出，這種狀態時的腦波變成五到六赫茲的 θ 波。

當「坐禪」時，心是安定的，情緒閒適、舒暢。據說常被稱為「禪定」或「禪那」的心的狀態就是這樣。已故的東京大學榮譽教授佐久間鼎對此種心境做心理學的分析，而名之為「默照體驗」。此為最早有關禪定、禪那的重要研究，佐久間教授彙集其研究成果，發表《默照體驗的科學》一書。時為昭和二十三年（1948 年）。雖該書今已絕版，但我還是認為它是研究坐禪的人必讀的書籍。

佐久間教授主要針對曹洞禪做研究。「默照體驗」或許也可改稱為冥想體驗。此暫且不論。我關心的是佐久間教授所敘述的「根據近來正在醫學界登場的腦波學，說不定能夠獲得默照體驗的科學實證……」。

因為當時我為了以腦波來了解人的心，而致力於腦波學的研究。結果自然生起嘗試記下「禪定」時的腦波的想法。但是卻碰到許多難關。如何挑選進入「禪定」的僧人呢？請他們來醫院記錄腦波是行不通的。宗門果真會採納走在科學尖端的腦波學嗎？現在回想起當時困於這樣「妄念」中的年輕的自己，彷彿歷歷如昨。

藉由引薦，把我的妄念除掉的人出現了。那是一種「因緣巧合」吧。這個人就是當時（昭和三十年，1955 年）在曹

洞宗宗務廳的峰岸應哉禪師。他「靜靜地」聽我嚴肅地述說
我的妄念。我的「妄」和峰岸禪師的「寂」相呼應。他有一
瞬間閉起眼睛，手抱胸前，似乎在思考。對我而言，那是很
長的一段時間。「好，那就接受吧!」峰岸禪師以堅定的語調
說。開動的信號發出了。「妄」和「寂」都已經沒有了。我們
開始構思將計畫具體化的「知」。我至今仍然感謝峰岸應哉禪
師心中有接納科學的空間。

　　藉著我們如此的「知」，一方面挑選許多擅長「禪定」的
禪師。另一方面借用某個寺院的禪堂，把二臺現代醫學精粹
的腦波計及其附屬裝置帶到那裡。「坐禪時之腦波變化」的研
究於是首度展開。有禪定經驗的禪師，他們的腦波，在坐禪
一開始，就立刻變為 α 波，當坐禪繼續進行時，漸漸地 α 波
的周波數 (Hertz) 減少，其中也有人出現五到六赫茲 (Hertz)
的 θ 波。

　　首先，這是一般人不會產生的腦波變化。實際上，沒有
坐禪經驗的人，在同一時間、同一地點，即使讓他們模仿坐
禪的樣子，他們也不會產生像禪師們那樣的腦波變化。他們
只會持續呈現出 β 波這種活動型的腦波。徒具形式的「坐禪」
並不會產生腦波的變化。

　　關於「坐禪時之腦波變化」，預定詳述於後，因此目前就
先談到此為止。可知：隨著達到「禪定」或接近禪定，腦波
會從安靜型的 α 波轉為沉靜型的 θ 波。

　　佐久間教授所指出的「默照體驗」的心理，可以說已透

過客觀的腦波型而得到徹底的證實。總之，與「禪定」心理對應的腦的狀態，已很科學地透過腦波此一現象而被闡明了。

須休善惡之思 ── 強迫觀念

在此，想回到原初來考察「禪定」的心理。毫無疑問的，「禪定」的心理是只有透過「坐禪」才能獲得的心的狀態。瑩山禪師在如下的簡潔文章中將這點表現出來。

若欲盡妄心，須休善惡之思，又須一切緣務都來放捨，心無思，身無事。

種種的刺激總是從外、從內加在人的意識上，並對它造成影響。首先，在上班路上的擁擠中，大概沒有人會不感到焦躁吧。任何人都經驗過被一大堆工作逼迫的辛苦。做家事也是如此，從洗衣服到掃地，從育兒到教育，乃至照顧丈夫的生活起居，非常忙碌。這就是所謂的日常生活。

另外還有的，就是人際關係這種麻煩事。在親情濃厚、交往頻繁的家族之間，姑且不論，就是在工作場所及其他地方，各個固有的交際中，我們不可有絲毫的鬆懈，並且需要刻意和別人保持關係。的確，和過去相比，親切及關懷在人們的意識中有很大的長進。這或許是現代人的優點。

然而，若過度刻意，則人的心就無法承受。例如，有一

種稱為強迫症的心理疾病。這種病的症狀是：只要感覺到
「髒」，不管洗了多少次手，還是覺得不安，即使以肥皂洗得
皮膚因而變粗、皺裂，還是不停地洗手。又，一旦掛心瓦斯
的開關，便會想「真的關緊了嗎？或許忘了關呢？」就算已經
出門了，內心也總覺得不能不再回去確定一下。其中，也有
很徹底（？）的患者，認為衣服一旦淋過雨，就被放射線污染
了，如果把受污染的衣服和其他的衣服放在一起洗，則其他
的衣服也會染上放射線，像這樣極端的人也有。因此，他們
會說：「太可怕了。」這種心理疾病是在專業上稱為「強迫觀
念」的病態心理現象。

　　更糟糕的情況是：有些患者這樣說：「雖然理智上知道很
愚蠢（強迫觀念），但是感情上卻無論如何也無法不那麼做」，
於是還是會無數次地重複做出令人擔心害怕的行為。這稱為
「強迫行為」。愈想去除這種強迫觀念，愈會出現強烈的強迫
行為。這樣很難受，因此令人覺得痛苦，但強迫觀念反而更
增強。簡直就是惡性循環。

　　當檢查強迫症患者的腦波時，常出現 β 波。腦也因「害
怕」而處於激動的狀態。患有強迫症的人中，有很多是頭腦
很好的理性派人物。又，也有許多人視「現實」不過是善惡、
良否、黑白等之對立。簡言之，這些人是表面原則論者，是
極端正直者。無論如何，只以自己的尺度（價值觀和人生觀）
來看「現實」，所以不能看到事情的本質，亦即「真」。

　　這些人中，也有求救於坐禪的。但是，他們並不持續。

以 A 君為例。他是某大學法律系的學生。他說:「雖然理智上我知道我已經確實記住了,但是,一想到『真的是這樣沒錯嗎?』就變得不安。因此,我又覺得該把同樣的地方再背好才行。反覆記憶既辛苦,又無法提高讀書的效率。」A 君的成績也很好。做「記憶力測驗」,結果也非常棒。但是若直接把這個結果告訴他,並對他說:「所以放心吧」,這是對精神療法很外行的人才會做的事。我們會對他說:「實際上,你的記憶力很好,但說不定你認為你不更好不行。也或許是你有應該更好這種先入為主的觀念或過分自信吧。」輕輕地這麼說,而把他們「對能力的過分自信」從潛意識的心中拉出來,才是訣竅。

A 君那時正逐漸好轉中,有一天,他來和我商量而問說:「醫生,我可以坐禪嗎?」我注意到一些事情而發出「啊哈!」的聲音。一旦讓他們稍微知道問題在於「對能力過分自信」,他們就開始覺得自己不夠努力。這個「對能力的過分自信」的徵兆以各種方式顯現,而 A 君「對能力的過分自信」的情形,是表現於「坐禪」這件事。於是我這樣說:「這是好事,去試試看。或許能有所體驗吧!」暫時放手讓他去體驗坐禪。因為我想藉由此讓他對於期待培養與努力相稱的「毅力」的目的,與對於能力或許過分自信的自己更加察覺吧。在附上「或許能有所體驗吧!」這句話之中當然已包括了這樣的理由。

大約過了一個星期或十天左右的某一天,A 君又出現在我的診療室。我憑直覺從他的表情看出他的挫折。他說:「醫

生，還是不行……」我說：「是嗎？那麼，總有發現什麼吧？」
他回答：「那樣做沒有用。妄念一個接一個地湧上來，而且原
先的強迫觀念也變得更嚴重……，老實說，我後悔了。我想
我怎樣也悟不了……」

　　我試著這樣對 A 君說：「即使只發現不行也很好。你似乎
還抱持著『不可以不行』這種逼迫自己的心態吧。就連我自
己是醫生，研究醫學十幾年，也不敢說：『已經了解了』這種
話。」情況大致是如此。

　　在瑩山禪師的話中，「一切緣務都來放捨，心無思，身無
事」，和現在所敘述的精神療法的要點是一致的。對自己過於
自信和不努力的心，在潛意識的世界中融合。因此，將這一
段總結為「心無思，身無事」的瑩山禪師，巧妙地道出了人
心的真象。

妄緣盡時，妄心隨滅 ── 脫俗之心

　　容易罹患強迫症者，都有這樣的矛盾：一面在意識上否
決世俗，另一面在潛意識的心中，卻又強烈懷抱著想要沉溺
於世俗的本能。

　　在這種本能中，最重大的是性欲。著名的佛洛依德，把
支配潛意識之心的動力稱為 Libido，此指性欲所象徵的本能
欲求（精神分析學上的性衝動）。他並且把受性衝動所左右的
人的心，概括稱為 id 或 es。若在此詳細解說它，會把讀者導

1 0 4

臺北市復興北路三八六號

三民書局股份有限公司收

姓名：

出生年月日：西元　　　年　　　月　　　日

性別：□男　□女

地址：

電話：（宅）　　　　　　（公）

E-mail：

感謝您購買本公司出版之書籍,請您填寫此張回函後,以傳真或郵寄回覆,本公司將不定期寄贈各項新書資訊,謝謝!

職業:＿＿＿＿＿＿＿　教育程度:＿＿＿＿＿＿＿

購買書名:＿＿＿＿＿＿＿

購買地點:□書店:＿＿＿＿＿　□網路書店:＿＿＿＿＿
　　　　　□郵購(劃撥、傳真)　□其他:＿＿＿＿＿

您從何處得知本書?□書店　□報章雜誌　□網路
　　　　　　　　　□廣播電視　□親友介紹　□其他

您對本書的評價:　　　極佳　佳　普通　差　極差

	極佳	佳	普通	差	極差
封面設計	□	□	□	□	□
版面安排	□	□	□	□	□
文章內容	□	□	□	□	□
印刷品質	□	□	□	□	□
價格訂定	□	□	□	□	□

您的閱讀喜好:□法政外交　□商管財經　□哲學宗教
　　　　　　　□電腦理工　□文學語文　□社會心理
　　　　　　　□休閒娛樂　□傳播藝術　□史地傳記
　　　　　　　□其他

有話要說:＿＿＿＿＿＿＿＿＿＿＿＿＿＿＿＿
　　　　(若有缺頁、破損、裝訂錯誤,請寄回更換)

入「妄」的世界，因此省略不談。（欲詳細了解的人，我向你
們推介《精神分析學入門》一書，這是一本佛洛依德傾其一
生寫出的名著。）

　　強迫症者是表面原則論者，而且他們也是把佛洛依德所
說在 id 或 es 世界中，極具威猛的性欲視為下流而極端壓抑
的人。他們雖然認為性欲是世上最最低俗的東西，但在內心
深處，卻無法以理智否定掉性欲的本能。非但如此，而且就
像與排斥世俗的心性成反比那樣，性欲經常特別強烈。

　　強迫症的患者，不論男女，有手淫習慣的人很多。手淫
對年輕的男女而言本是極自然的事，但是，他們並不這樣想。
因為他們對不能抗拒手淫的自己抱有很強烈的罪惡感。然而，
這種罪惡感不是人類所該有的，而且與宗教所說、人所應具
備的良心，也可說全然無關。

　　從前面介紹過的 A 君曾提及：「參禪，但還是不行……」
的一些話中，我注意到他說了：「強迫觀念反而變強……」這
一點。後來，得知有一位極愛慕他、甚至連身心都可奉獻給
他的女性。他自己也坦言喜歡她。但是，即使彼此經常約會，
A 君最多也只是握著她的手，既不敢吻她，也不敢抱她。因
為他把自己的 id 視為低俗而加以壓抑。我在他參禪後的強迫
觀念中，發現這樣的心理狀態。他說：「我想我為強迫觀念所
苦惱，終究是因為我太優柔寡斷了吧。」我並不想對這件事賦
與什麼意義，所以我若無其事地這樣告訴他：「這樣啊，光是
意識到這一點不也是很好嗎？」

　　一星期之後，Ａ君在約定的診斷時間出現在我面前。他露出某種開朗的神情。一提到這點，他就像洪水決堤般，開始滔滔不絕地說。內容大約是如此：「我很喜歡她。每次一碰面，就很想抱她。但是，想到如果這麼做，會被她瞧不起，認為我是下流男子，我那分想抱她的心情就會被打斷。覺得若被她認為是下流男子，就『很悲慘』。我愈喜歡她，就愈一籌莫展⋯⋯。」

　　對現代健康的年輕人而言，或許這種事是不可能發生的，但是，Ａ君卻打從心底這樣想。他太在意自己的面子，而始終不能看透對方女人的心。他好不容易才明白地說出他「優柔寡斷」的心性。雖然他的理智上認為自己已經記住了，但他的強迫症卻會教他一再地確認，因此就連在可以把這潛藏在優柔寡斷的性格深處的感情，表達出來之時，也會因為懼怕這樣做而在理智上加以壓抑。想擁抱她的身體，而且明明可以擁抱，他卻把擁抱的想法視為下流而忍耐著沒有行動，他的這種心情，改變方向而投射到「不能確定是否記住了⋯⋯」的強迫觀念。如此則妄心無法終止。

　　我靜靜地對Ａ君說：「這種心情只不過是有點自我本位。如你所說，如果她也真的喜歡你，不論你採取怎樣的行動，她也不會把這認為是下流吧。你這樣的想法也映照於她的心中，反而二人之間變得很彆扭，不是嗎？而且你對此感到煩惱，她也似乎開始一點一點地察覺到了。一味地責怪自己優柔寡斷，只會使自己變得更為苦惱。在此之前，最好先慢慢

地弄清楚自己的心是否真的喜歡她。那麼，也希望你好好站
在她的立場想一想……」

　　此後數週間，我一方面在每次診察都改變角度，尋找各
種的表達方式，一方面不厭其煩地對 A 君說著同樣的事。有
時撇開話題地說：「不去再次確認是否記住了的話，就心裡不
安，這對記憶來說也是件好事啊！」有時候也會說：「你真的
覺得她是女人吧！」，這是帶有解放他的感情壓抑之意，我試
著對超俗的 A 君做情感上的挑戰。又，在某次機會中，我也
試著用一種好像帶著諷刺的俗氣話對他說：「是否能記憶比較
重要，還是她比較重要?!」。

　　結果似乎很好。A 君從我的診療處離開前對我說：「雖然
現在仍未能完全釋懷，但是已不會被以往的強迫觀念牽著走
了。我覺得我好像了解了什麼似的……」。之後，我不知不覺
地忘了他的事。而翌年的正月，A 君寄賀年卡給我。上面用
簡短的詞語寫著：「終於能夠和她訂婚了。有種以世俗洗淨世
俗的心情。」

　　愈是追求脫俗的人，愈容易陷入強迫症。愈是智性膨脹
的人，愈是認為世俗只是下流。所謂「以世俗洗淨世俗」是
相當好的一句話。由此，我讀出 A 君的心已回復健康了。

　　我想到 A 君從過於自信到認為自己不行的自卑感，以及
對女友優柔寡斷、一籌莫展的窒礙，在經歷這一連串心的變
化之後，從煩惱中了脫的心情，都從這一句簡短的話中傳達
出來，不禁開懷。這時，我想起一些以前讀過的瑩山禪師的

話。我記得它的意思是「有茶喫茶，有飯喫飯」。

　　也許對門外漢的我來說，聽起來有點語出不遜，但是，瑩山禪師是第一位不只在脫俗的人們心中看透世俗、同時也是在世俗的生活中了解脫俗之心的人吧。我認為在《坐禪用心記》以下的話中正表現出這一點，但它究竟如何呢？而且，就醫學的精神療法而言，我到現在還是覺得我對 A 君所做的是沒錯的。

　　妄緣盡時，妄心隨滅。妄心若滅，不變體現，了了常知。非寂滅法，非動作法。然所有技藝、術道、醫方、占相，皆當遠離。

　　〔大意〕妄念若無，妄心自然消失。然後不動之心被了解、被掌握。在此，所謂不動不是不活動。也不是說：不要搖動心。而是說：不要作無益的事。最好對追求喜樂的技藝、術道和醫術、占卜等一律遠離，並以不動的心來面對現實。

般若之智慧 ── 智慧和知性的生活

　　題為《知性生活的方法》的一本書，曾經成為暢銷書之一。我讀過一次，的確有一些令人佩服的地方。這使我打算過「知性的生活」，還想到變成更有知性的祕訣，因而不得不對這本書的作者表達感謝之意。

　　這是不久前的事。我那就讀高中一年級的女兒，很難得地敲我的書房而進來。我正在猜想有什麼事時，她開口說：「爸爸，這因數分解，如果沒有人教的話，怎麼也搞不懂」，她所提出的問題，相當難解。剛開始時，只能「嗯」地回應一聲，但在仔細看著這個題目不久之後，我的腦海中迸出一個靈感。在嘗試以此靈感為基礎整理問題時，我直覺覺得因數有二個，而二個因數中，有三個數字和符號。這之後只剩下計算了。問題隨即迎刃而解，女兒不禁說：「咦，想不到爸爸的頭腦真是棒呢！」女兒已在參考書上看到這問題的解答。只是她對於解題的演算方式有些不解，而請教於我。

　　那時，我忽然覺得：「知性的生活的方法」中，應該要把直覺的靈感用文字表達出來，或者把它轉換成演算方式，並且附有理由的操作也是必要的。

　　但是，我的內心也產生了一些疑慮。其一是，以「第六感的靈光」來談事情，在現代是說不通的。其次是，不繼續做具足合理性、邏輯性的武裝，就不能過知性的生活。而且，這些疑慮直到現在仍然縈繞在我的心頭，並時時浮現。

　　寫到這裡時，我有點厭煩，於是任由抑制不住的心思隨處飄浮，而暫時委身於晃蕩的時間中。這樣做時，我的腦海中突然浮現出「般若的智慧」這個語詞。這或許也是「靈光乍現」，但是，令人詫異的是：即使似乎虛度歲月，人依舊是潛意識地在思考心裡的事，不是嗎？

　　這暫且不管，我想就精神醫學的立場來分析「般若的智

慧」。因為，對置身於不得不實踐「知性的生活」的現實中的
我們而言，當然有必要回到原點來思考「什麼是知性的？知
性是什麼？」

　　據上村勝彥氏所說，般若源自梵文 prajuña 這字，它可說
是一種當下把握所有存在的直觀智慧。因此，所謂「般若的
智慧」也可以說是能一舉看透事物本質的直覺吧。也有說它
亦可指「最高的存在」（波羅蜜多，Pāramitā）。但是，一提到
般若，就聯想到面目猙獰的鬼。即使在能劇中，般若也是戴
上女鬼的面具出現的。雖然不知道原因何在，但是在某種意
味上，直觀的閃光有使人聯想到鬼的意外性，不是嗎？

　　我得到諸位名僧、飽學之士的合作，而進行「坐禪的精
神醫學研究」時，接觸到坐禪。尤其接心（譯按：在日本禪
宗，指不分晝夜專心坐禪）的時候，與被記錄腦波的僧侶們
一起誦唱《般若心經》。那時，還不太了解經中的意義。後來
經過調查研究，才知道《般若心經》即是《大般若波羅蜜多
經》，其中談到僧侶的修行方法。然後才知道其目標在於說明
從「禪定」的完成到獲得智慧之間的過程。如是才明白坐禪
修行，尤其接心時唱誦《般若心經》的理由。即，達到禪定
時，自己本有的智慧產生，而這種智慧是能一舉洞悉事物本
質的知性的直觀。

　　如此想來，《般若心經》當然涵蓋有關「知性生活的方法」
的內容，並直指人們本來的知性，坐禪修行可以說是不僅只
是在情感的領域中以追求安定為目的，而且也影響到知性領

域的一種修行方式。坐禪修行也是鍛鍊知性的方法。這點已被我所敬畏的朋友——東洋大學教授恩田彰氏——指出來。恩田彰氏從心理學的立場，報告在禪定的心境中，會有創造力產生的理由。

與這個想法不謀而合的是：原子物理學的創始者尼爾斯・波耳提出「原子模型」之前的過程。他的後繼者哈伊任貝魯克教授說：「波耳發現到原子模型，是某瞬間的靈光乍現。但是在這之前，我記憶所及都是他怎樣地為研究上陷入僵局而感到苦惱，漫無邊際般地沉湎於思考中的情形。那時的波耳的身影就像是個東方的聖人。」而這是否真是東方式的冥想我們姑且不論。但是，他反覆地沉潛（在内心集中注意），大概是事實。可以確定的是：他並非運用「知性的生活的方法」才提創出原子模型說的。因為從哈伊任貝魯克教授所說的：「漫無邊際般地沉湎於思考中」的話語，正說明了這一點。

智慧和知性的生活並非毫不相干。但是，我在此更希望讓有知性的現代人明白，智慧是知性的生活的核心。

借用瑩山禪師的話：「所有技藝、術道、醫方、占相，皆當遠離」，雖然這句話是在惕勵坐禪，但是也可以把它理解為更具積極性意義的文章。禪師在這裡所描述的是，自己歷經禪定而達到智慧的體驗。

在精神醫學方面，有一種呈現智能障礙的疾病。這是一種精神薄弱的病症。且說老年癡呆症也屬於這種疾病。在此，特別提出老人癡呆症。其理由是：一般無論誰，一旦變成老

人，他的記憶力就衰退，對新知識生疏不太能了解，而他以前所貯存的知識則逐漸消逝，如此日復一日地生活。

但是，老年人之中，也有人具有年輕人望塵莫及的解決問題的先見之明，並能徹底地挽救複雜、涉及多方面且麻煩的局面。沒有變成「恍惚之人」的老人，還殘存著看透錯綜複雜的事態、並能適當地加以解決的能力。這是為什麼呢？精神病理學家卡爾・亞斯帕斯敘述其理由：

首先，他為智能下定義，首先提出智能的基本條件是記憶。他說，記憶的好壞確實能左右智能，但知識（他稱之為知性的資產）受記憶好壞的影響而變豐富或變貧乏。他又說，本有的智能是指「看透事物本質的直覺 (Sinn für das Wesentliche)」。亞斯帕斯沒有指出其實體為何，實在令人遺憾！

但是，我想我能從他那篇談論智能的文章中推測出他的意圖所在。我想這是一種先天具有的、與生俱來的知性的能力，從某種意義上說來，它指內在 (intrinsic) 的知性的可能性，也可以說亞斯帕斯把相當於「般若之智慧」的東西，當作智能的本質思考。

亞斯帕斯晚年轉向哲學，但他認為京都太秦廣隆寺的彌勒菩薩像，才是知性的精粹表現。

這樣的想法，或許不能很快地打動現代過分知性的人們。發揮知性的「靈光」的可能性，與年齡、學歷、知識的多寡、記憶的好壞無關，它倒是還在經營知性生活者的心中，現今

尚未喪失吧？這是值得思考的課題。

　　瑩山禪師說：「技藝、術道、醫方、占相，皆當遠離」，他認為：即使憑記憶和知識，也是有限的，因此，再開發本有智能的坐禪實踐是比它更重要的。坐禪可以說是重新發現本有知性的方法。

自雖為淨心因緣
—— 主動性的注意集中和被動性的注意集中

　　有一句諺語說：「情人眼裡出西施。」一旦愛上了，對方臉上的麻子也可看做是酒窩。這完全道出，凡是戀愛過的人都曾經驗過的真實心情。

　　莎士比亞，在《仲夏夜之夢》中，把迷藥給森林的妖精派克，而使本來相戀的兩對情人產生錯亂，以致彼此不再相戀。在現實中，迷藥照理應不可能產生作用，但是，在這齣戲中，連麻子也能變成心的「迷藥」，由此可知人類心理的微妙。

　　不論東方或西方，這句諺語（譯註：指情人眼裡出西施）和「迷藥」，都在表達理性可能因感情而喪失。也有「憎其人而及其物」這樣的諺語。太過感情用事，思考的模式便會完全受感情所支配，對事情的看法也就會有偏差。

　　例如，因流產而深受打擊的年輕婦人，後來變得害怕且憎恨看到抱著嬰孩的母親或是小孩子。並陷入：「啊！如果沒

有流產的話，現在我也……」這樣的憶想中。遭受打擊的情緒若長久持續，這種憶想就會愈來愈強烈，甚至變成一種病態。

這樣的憶想，以專門術語稱為「支配觀念」。簡而言之，這是一種感情完全支配理性的觀念。當然，這種情況會使得心胸變得狹小。嚴重的話，會罹患歇斯底里這種心理疾病。

「鑽牛角尖」也可認為是一種程度輕微的支配觀念。對於微小的挫折以及他人無心說出的話語，表現出敏感反應，即是很容易鑽牛角尖的人。而容易精神衰弱的人，大體上也是比較會「鑽牛角尖」的。這種人也是一般所謂具有神經質性格的人。或者也可以說是好勝和膽怯這兩種相反的心態在不停地交互作用的人。若借瑩山禪師的話來說，這種人不但不能做到「技藝、術道、醫方、占相，皆當遠離」，而且反而會去執著於這些。

「觀念」這樣的詞語，據說原本是佛教的術語。梵文作"sumṛti"（譯按：smṛti 才是正確的拼法），是「想起」的意思。若據印度史學家松本照敏氏所說，它是與「想起」佛陀的容貌和功德有關的詞語。「觀念」一般的意思指的都是思考、表象等知性的心的作用。如前所述的「支配觀念」這樣的專門術語因而產生。

最近，在罹患精神衰弱的病人當中，有很多位詢問說：「醫生，若坐禪的話，我的煩惱（指支配觀念一事）不會消失嗎？」我對他們說：「好啊，想那麼做也好，但是坐禪若不

順利，你還是會鑽牛角尖，怎麼辦呢?」這是因為我認為坐禪的效用恐怕只是讓他們「會想起」罷了之故。事實上，他們只去參禪一、二次，回來就說:「醫生，還是不行。雜念百出，反而混亂了。」而且露出頹喪失望的表情說:「我還是不行。」

這時，如果問:「那麼，雜念的內容是什麼呢?」有時候，也可以更明白他們的「支配觀念」的內容，這些都是以前我不知道的。訴苦說注意力不能集中的補習班學生，事實上是，他雖以優異成績畢業於某明星高中，卻不能如願地考上一流大學，因而流露出落後於同班同學的憾恨;訴說對工作場所不滿意、為自己無心工作所苦的女性上班族，事實上卻是因為自己喜歡的男士被同事搶去，而為失戀受折磨。可知他們都是執著於那樣的挫折感。

所謂「讀書三昧」一詞。這是指，例如，埋首於有趣的小說，而忘了時間消逝的體驗。「三昧」一詞，平常廣泛地用在說高爾夫三昧、釣魚三昧以及表示吃喝嫖賭的玩樂三昧等的時候。要言之，它是指一心專注於自己所喜歡的事，而沒有注意到其他事情的狀態。

最近盛行休閒，一到暑假，遊覽地區人潮蜂湧而至。生活的情趣也日趨多元化。使出渾身解數精心設計的電視節目也愈來愈多。變成這樣的話，則因為是倒過來被迫接受，「休閒三昧」、「電視三昧」的，所以顯得有些奇怪。

本來，三昧是佛教用語，其語源是梵文的 samādhi。最近流行的瑜伽，是一種重視以三昧境界為目標的修行。這姑且

不論，若就精神醫學方面來分析「某某三昧」這樣的心境，則它可說是一種注意力的集中。這是使心專注於一個對象，不使它轉移到其他對象的心理狀態。因此，意味精神統一的三昧，變成以注意力的集中為前提。

注意力的集中可區別成二種：其一是主動性的注意力集中；另一是被動性的注意力集中。一按電視開關，猛然被電視上的畫面所吸引，於是不知不覺地看電視，這是屬於被動性的注意力集中。在像現代這樣休閒多元化、生活速度快速變遷的時代，人們騰出許多寶貴的時間給被動性的注意力集中。相反的，三昧若不能成為精神統一的前提，則人們會被許多事情所吸引，而變得注意力散亂。

但是，由坐禪修行所生的三昧心情，理應不是被動的注意力集中。這一點，由後面所提的我對坐禪做腦波學研究的結果也可得知。尤其，現代生活有太多妨礙注意力集中的事物，對耗損在這種生活中的我們而言，以下瑩山禪師所說的這段話，真是暮鼓晨鐘。

況乎歌舞妓樂、誼諍戲論、名相利養，悉不可近之。頌詩、歌詠之類，自雖為淨心因緣，而莫好營。文章筆硯擲下不用，是道者之勝躅也。

〔大意〕況且，追求歌舞妓樂、無用的空論、名聲等事，全是妄念的泉源，因此皆當遠離。吟詩唱歌也許能安慰心靈，

但是，不能沉浸於此。讚佛、說法都很好，但若太過則妨礙坐禪。不寫文章、不用筆、硯等，對專心修習坐禪者而言，才是必要的。所謂調心即是指此。

現代的僧侶按照禪師字面所表達的來理解而對眾生說的，這不是反而誤傳瑩山禪師的「用心」嗎？因為，雖然任何現代人都會集中精神專注於某事，但是在做的當時心中卻會升起「這是真正的自己在做的事嗎？」這樣的疑問而感覺到自己的注意力散亂。

美國的精神分析醫師艾利克松以提出「自己同一性的危機」而一躍成名。他說現代人過於渴望從價值觀的多樣性和生活方法的同一性中脫離出來，而忘記真實的自己是什麼以及應該做什麼。更簡單地說，艾利克松把「不像樣的人」增加的情形，解作「自己同一性」喪失的危機。

在美國這種傾向特別強。例如，即使夫妻間也有夫不夫、妻不妻的關係。其證據之一便是換妻派對的公開化（夫妻交換的亂交舞會）。據說美國大學的紛爭便從學生不像學生、教師不像教師開始的。嬉皮、大麻煙、T. M.（超越冥想），也只是「不像樣」的人們的逃避。這些無非是為了迴避那些來自妨礙注意力集中的現實的挑戰，而把注意力集中於其他事物的被動心境的表現。友人的信中提到：這些危機正潛藏在現在的美國。

在美國流行的，稍後在日本必定也會跟著流行。如前述那樣的情況也曾盛行過，而且其中大部分至今仍在流行著。

艾利克松這種理論——「自己同一性的危機」——在精神科醫師和心理學者之間，也正大受歡迎。「因為社會情況如此」這樣的解釋也成立，但是，若想想瑩山禪師所說的這些話，大概就沒有必要煽動這種危機感吧。

只有如下的事是心的真實。當人們被迫集中注意時，他們的心反而紊亂。迷於技藝、醫術、占卜，又在休閒和文人的趣味等等上面追求我們現在的生存意義，都是不合適的。因為生存的意義和自己當然都是在自己的心中。在現在的時代，最重要的不是恢復自己的同一性，而是「擲下」（放棄）對無用之物的注意吧。

瑩山禪師巧妙地指出這點，而說：「此乃調心之至要也。」被評為「在最近的年輕人中少有的」某高中資優生，罹患了精神分裂症。在為他做完診察之後，我了解以下他所說的話：「我以雙重自我來對抗專重知識的填鴨式教育。一是山羊的心，另一是羊的心。我從小親近基督教，對山羊的心理很了解，而羊的心和本來的我完全沒有關係。可是，現在的我卻常聽到羊的聲音，而少聽到山羊的聲音。山羊是代罪羔羊，而羊是神。不久，我開始覺得我是神。而且，山羊是可愛的動物。只是，山羊本來的野性不像羊和狗那樣成長。人類也是有野性的。山羊和我是非常類似的存在。當我有壓迫感時，山羊也會被很強的厭惡感所折磨。因此，我感到山羊的孤獨性及其無野性的存在象徵。」他這樣對我說，臉上表情嚴肅，臉頰因緊張而僵硬。

　　這是精神分裂症這種病的「自我喪失」，患者喪失自他之間的區別，才有這樣的想法。要是病情變嚴重，就會連自己和他人都分不清楚。

　　在現代，若瑩山禪師還活著，他一定會這樣說：「理智的生活和感情的生活分離時，心會產生龜裂。為追求知識，使感情獲得滿足的人，並不是沒有淨心的可能。但是，蒙受理智污染、感情污染的現代人，他們的心已經分裂，看不清自己，因此即使他們追求淨心也枉然吧。此後最好自己去發現淨心。行者（窮盡其道的人）說：『此乃調心之至要也』，其說法竭盡分裂的限度。現在必要的是要保有調整紊亂的心的餘裕，除此之外無它。」

調心之至要 —— 快樂追求本能

　　這時代的年輕人中，會做冷靜計算的傢伙日漸增加。也可以說，精明幹練、懂得如何不勞而獲的人很多。

　　這是最近的事。某明治時代誕生的要人，來向我諮詢他女兒的事。其內容是：「我的長女已經結婚，也有了小孩。近來，她為失眠症所苦而常吃安眠藥，我很擔心。」

　　我說：「那麼，來診察看看吧。」他同意了。在約定的診察日，他的女兒和她的丈夫一起出現在診察室。三十過一、二歲的她，所穿的服裝，感覺頗好，且很奢華。給我極華麗的印象。但是，她很瘦，而且儘管濃妝艷抹，肌膚還是皺紋

很多。我不禁開始揣想這樣的她和失眠症的關聯。她不吐不快似地對我大爆心中的不滿。

「我不顧父親的反對，和比我年輕一歲的他結婚。並不是那麼樣地愛他。但是，一被反對，我反而認真起來而自以為愛上他。事實上他非常溫和，是位業務員。結婚時，我和他約定不生小孩。因為我喜歡畫，也學習插畫，希望將來成為有名的插圖畫家。因此，我希望有一個兩人各自能自由生活的婚姻，我想這樣也是他願意的。剛開始時，確實是如此。父親始終反對這樁婚姻。但是，從小就溺愛我的父親，在我結婚之後，還是持續在經濟上給我相當多的援助。」

的確，她的婚姻生活似乎是現代式的新家庭。但是，男女在一起，遲早會有小孩。她結婚大約三個月左右後就懷孕了。雖然按結婚當時的約定，說不生小孩，但一旦懷孕了，就沒有理由作人工流產。

而且，他說出：「我想要小孩。」她也無法反抗，於是心不甘情不願地分娩。雖說心不甘情不願，但生下來一看，嬰孩竟是那麼可愛。原來就易於沉迷的她，把學畫、插圖的工作全部放下，忙於她所不熟悉的育兒工作。那時，她的父親敘述感想說：「好不容易我這個任性的女兒也想要成為獨當一面的女人了。」確實，當時的她，似乎潛意識地擺出一副好家庭主婦的姿態。

而且，或許是安心了吧，丈夫開始努力工作，因工作忙碌，大多很晚回家，且常出差。他逐漸過起不怎麼在意她的

生活。就這樣過了四年。她說：

「──就從那時開始，我愈來愈不滿。為什麼光是他在外活躍呢？只有我在家照顧小孩。而且他變得不怎麼需要我的身體。理由是：『太忙，因此很累。』不過，我還是儘可能地忍耐。我的失眠症就是從那個時候開始的。我不再能忍受他的晚歸，終於變得脾氣暴躁。要是半夜睡不著，就想折磨丈夫，不讓他睡。也向父親發牢騷。當我覺得很厭煩時，我就丟下小孩、家庭回娘家。雖然他馬上來帶我回去，但是，回去後又開始同樣的生活。我已經深為失眠症所苦……」

她對日漸瘦弱的身體深感不安，加上情緒常爆發，使得心理健康露出破洞，因而罹患「歇斯底里性失眠症」。她漂亮洋裝的領子上，有淡淡的黑垢。我想這顯示出與漂亮服裝不相稱的內心迷亂。瑩山禪師敘述同樣意思的話如下：

美服與垢衣，俱不可著用。美服者生貪，又有盜賊畏，故為道者障難。若有因緣，若有人施與，而不受者，古來嘉蹤也，是調心之至要也。

〔大意〕坐禪時最好不要穿華麗的服裝，也不要穿骯髒的衣服。尤其，華麗的服裝容易令人對更華麗的服裝生起執著的心，而且容易令人擔心盜賊會不會來偷取。這些都是妨礙坐禪修行者的原因。若有特別的關係，或者即使是信徒施與的東西，也不要接受，這是自古流傳下來而且被嘉許的傳

統。

　　我們若循著瑩山禪師所述「是乃調心之至要」這段文章前後的脈絡，便可以了解這裡將兩種意思成為一體、包含於其中的意涵。其理由試述如下。

　　禪師在此首先提到人的業。例如：即使過著很享受的物質生活，內心老是覺得空虛，而且日漸空虛的狀態便是其一，這種本能一旦發作起來，就停止不了。就像是任誰都帶有的業似的。有人就聚在一起賭博，從打彈珠臺、自行車比賽到划船比賽等都變相成為賭博。這樣的心態以專門術語來說便是「追求快樂的本能」。也有人是愛好食物的美食家，永不滿足地追求稀有的美食。若這是娛樂，就沒有必要特別吹毛求疵。但是，倘若過度，則是浪費金錢或因飲食過量而變得肥胖，其結果必定毫無益處。

　　也有人心中一有不滿，就想大吃特吃。因此，暴飲暴食的精神病理，是對不滿的壓抑。而沉溺於賭博，無非是過於追求心情的陶醉。越是自我本位的人，越容易陷入這樣的危險中。

　　這是很久以前的事。「世界汽車大展」在晴海開幕。好奇心很強的我，火速前往參觀。令人吃驚的是，並排在這兒的汽車，和街上所看到的完全不同，都是各式各樣的新汽車。我想這全然是從現在的汽車文明顯示未來。我一邊翻閱說明書，一邊繞了一圈後，才知道這些車子很精巧，性能很好，速度無上限，而且充分確保駕駛員的安全。

　　此外，更叫人吃驚的是，從小、中學生到二十歲左右的年輕人，他們眼睛動也不動地凝視這些汽車的神情。他們的表情某處概括說來浮現出空虛的、也可解作放縱的鬆懈。看起來像是雖然買不到，但是希望駕駛一次看看這樣的心情，經由這樣的幻想而產生刺激與陶醉的表情。

　　這些外國製的車子，日式英文稱為「特級車」(super car)。據說現在這些被稱為特級車的汽車塑膠模型，非常受到年輕人、小孩子們的歡迎。但是，在英語中並沒有「特級車」這樣的詞語，即使在法國、義大利、英國，這些都只不過是「車」而已。總之，這些車已確實奔馳於歐洲大陸寬廣的高速公路上。這種車子的速度，大約介於新幹線和空中巴士之間，現在仍繼續奔馳在地面上。而且，像這樣既不需要車票也不需要麻煩的搭乘手續、便利而舒適的汽車已很實用。

　　無疑地，經過數年後，這些車子將大量地輸入到日本。不，優秀的日本汽車製造業者，要製作與此完全相同的車子，也是時間的問題吧。到那時候，現在年輕人所渴望的刺激與陶醉，確實得以實現。但是，要使這些車子奔馳在日本的國土上，道路的問題又要如何配合呢？從過去實際成效來看，顯而易見的是：苦要合乎「最大多數的最大幸福」這種單純的課題，勢必就得繼續建設高速道路。因為在歐洲有讓「特級車」奔馳的寬闊道路，這種車才被開發，相反地，在日本則是當很多人購買這樣的汽車時，適合它使用的道路才開始被建造。至於它是否適當，不須在此多做說明。

　　但是，我想指出的是：追求快樂的本能，或許會使未來的社會變成「特級車」的社會，而且進而培養追求超特級車的潛能。

　　車到底是車。汽車只是為了生活的便利而被使用的，這才是它真正的目的所在吧。在狹窄的國土中，比別人早數小時到達目的地，是不得了的事，但若很多人都這樣，也就不是什麼大不了的事了。刺激和陶醉也因此而消失殆盡，不是嗎？倒不如說在加快速度時，人們從一片白茫茫的高速道路的車窗裡究竟看到了什麼。除了交通標幟和計速器，以及跑在前頭的別人的車子之外，什麼也沒有。其代價只是眼睛的過度使用，以及神經的異常緊張。因此，到達目的地時，靜下來回想一下看過的東西，心裡卻是一片空白。

　　無疑地，瑩山禪師以其透徹之眼看穿身、心被擾亂的實況。因此，「是乃調心之至要也」這一句，無非是在對過分追求快樂時，身、心會產生異常所發出的一種警告。此為「調心」的第一要義，並未脫離俗世地說示。這可以理解成：因為俗是俗，所以先提示必要的健康管理原則吧。

　　那麼，瑩山禪師所說的另一種調心的意思是什麼呢？在了解這一點之前，有必要先傾聽禪師以下所說的一段話。

調身之要術 —— 他力本願的健康法

　　雖然下面這段文章稍微長了一些，但是瑩山禪師所說的

「調身之要術」，在《坐禪用心記》之中，是最具體而且最易了解的。以下擬原封不動地引用它。

　　縱本有之，又不照管。盜賊劫奪，不可追尋、悋惜也。垢衣、舊衣者，浣洗補治，去垢膩，令淨潔，而可著用之。不去垢膩，身冷病發，又為障道因緣也。雖然不管身命，衣不足、食不足、睡眠不足，是名三不足，皆退惰之因緣也。一切生物、堅物，乃至損物、不淨食，皆不可食之。腹中鳴動，身心熱惱，打坐有煩。一切美食不可耽著。非但身心有煩，貪念所未免也。食祇取支氣，不可嗜味。或飽食打坐，發病因緣也。大小食後，不得輒坐。暫經少時，乃堪可坐。凡比丘僧必須節量食。節量食者，謂洹分也。三分中，食二分餘一分。一切風藥、胡麻、薯蕷等，常可服之，是調身之要術也。（譯者註：此段引自大正藏，412C-413a）

　　〔大意〕即使獲得別人施與，也不要對此事抱以關心。被施與的貴重物品，即使被盜賊所偷竊，也不應覺得可惜。對舊衣、髒衣，也應加以修補、洗淨而後穿著。若沒有把污穢洗乾淨、修補好，則易使身體著涼而生病。這是妨礙坐禪修行的原因。雖然也有想坐禪修行就不要顧身命的說法，但這是不對的。衣服不夠、食物不足、睡眠減少，此稱為三不足，都會惹出荒廢修行的結果。

　　就食物而言，生的、太硬的，或者將腐壞的、不乾淨的

食物等，絕對不可以吃。這些食物會傷害胃腸，導致發燒，阻礙坐禪的持續。但是，執著於美食也不好。因為會只顧食物，而產生想要吃它的欲念。食物只要吃到能維持體力就行，不要受其味道所誘。另外，坐禪時，若吃太多，反而容易生病，結果一事無成。因此，不宜飯後馬上坐禪。須在一段時間之後，才能坐禪。若成為祖師（指導僧），則有必要謹慎節制食量。節量而食本身，與自己的立場的自覺有關聯。最好吃三分之二飽，而剩三分之一。所有的藥（中藥）在必要的情況下可以服用。胡麻粉和山芋粉很有營養，所以可以常吃。這些是調身的要術。

　　近來，有關「健康法」的書大量出版。從「香菇健康法」到「瑜伽健康法」，甚囂塵上，實在有些令健康的我們感到厭煩。過些日子說不定還會有什麼「健康法的健康法」這樣的書被出版。這些書由著者或出版社寄來給我，因此，我在不知不覺中陷入百書待讀的窘境中。而且，所感受到的幾乎都是他力本願的說法。從模仿營養學到與醫學上的身體療法的內容相當類似的東西都有。讓我不禁覺得這一切和年輕人追逐的「特級車」一樣，各家競相揭露成為「超人」的祕密，只不過是過分考究罷了。說這種話的我應該做一番告白：實際上我也發表了一本叫《坐禪健康法》的書，因此，我是跟上了健康法流行的潮流。然而，這本書決不會成為暢銷書，因為我從與他力本願之健康法相反的自力本願的立場，不厭其煩地解說坐禪的效用。從編輯那兒聽到的讀者反應，卻是

「難以理解」。我自以為寫得很淺顯易懂，因此在聽到這樣的反應時，覺得非常意外。然而，這時我也重新體會到現代人不是依賴的汽車，而是依賴其他的東西，他以達成目的的現實。

言歸正傳。從瑩山禪師先前所說的話，可體會到：因為是自己的身體，所以理應能自己管理的想法。因此可解作他所敘述的是既非自力也非他力、且極為當然的「健康管理法」。身為醫學家，我認為，合乎天然、自然之理的方法，正是禪師所說的「調身」。

但是，令人驚訝的是：也有愚蠢的心理學家洋洋得意地將「調身」直譯為 "regulation of the body"。大部分的西歐學者說，這些人所講述的坐禪「難以理解」。我認為這是「提振人心的準備狀態」(preparedness for refreshment of the human mind)，我若述說它的要旨，那些西歐學者們也會理解。但是，那樣愚蠢的心理學者的代表——廣被推崇為對坐禪從事科學研究的 A 博士，而其本人又相當自負，這種情形真糟糕。根據他的說法，可歸結為如果不長久坐禪的話，則不能達成調身術。但是，瑩山禪師的本意並不是這樣。因為現在，若我們重讀《坐禪用心記》中有關調身的那一節，我們可以看到它是非常具體地說明被現代人所遺忘的極自然之理，而且這個說法就算以現代的眼光來看，我想也可重新賦與新意，而成為一篇論著。

在瑩山禪師說調身的時候，他說會侵犯人的是傷寒、霍

亂、赤痢、結核等疾病，這若翻開日本醫學史，即可馬上了
解。眼看著很多人因這些疾病而死。所以禪師述說調身的必
要性，以及它與調心有關聯的日本人的智慧。這與 W. B. Can-
non 所提出的「身體的智慧」(Wisdom of the Body) 完全一樣，
都是要使人之「身體」生來就具有的防衛本能充分發揮的竅
門。Cannon 稱此為恆定反應 (homeostasis)。而瑩山禪師指出
此奧祕為「調身」。可以說兩者是相同的想法。

　　請容我稍微離題一下。我很早就在想：為什麼要把真正
素食的方法，寫在書裡而不在電視上播出呢？事實上，例如
嚐嚐看大本山總持寺所提供的素食也可以。此寺的素食勝過
法國料理和中國料理世界二大美味，並沒有做營養學上的分
析，但是，這是可以分析的食物，而且是能愉快地品嚐的食
物。例如：在味道上，胡麻油比西洋油，更圓潤，而且大豆
比最近漲價的牛肉更有厚味，可供作素食的材料。

　　因此，我想煮素食不能止於佛門當中，也不能委託疑似
買賣的「飯館」，我更希望能對日本的家庭主婦們說明這種祕
傳。藉著它才是世界唯一的健康食品，並將它推廣到國際間，
使人們深入理解比 A 博士的「胡說八道」更正確的禪佛教所
說的「調身」的意義。

　　請再容許我偏離主題。這是最近的事。有一位我教過的
年輕女學者去歐洲旅行。她寄給我一張風景明信片。寫在那
張風景明信片上面的文字，留在我的腦海裡。其內容如下：

……為什麼歐洲人一過了中年，男女皆變得那樣地肥胖呢？雖然風景和建築物充滿方正之美和緊密的結構，但人的身體卻那樣肥胖，實在令人覺得幻滅……

可以說她觀察得很仔細吧。不用說，她是道地的日本女性。而且，她的父親是禪門的僧侶。一切卻很均稱。她的心既寬宏大量，又具備緩急自在的對應能力。雖然她有如此敏銳的觀察力，大概也可以說是當然的，但是，我不禁認為她這種能力的養成，或許是她在日常生活中看到父親坐禪，並自然地管理自己的健康，而她自己對此也有所體驗的結果。

貓王 Elvis Presley 的死很突然。他的體重已經超過一百公斤，聽說正為減輕體重苦思焦慮。不用說，這樣的體重是不適當的。此外，歌劇女王 Maria Callas 也在五十三歲的壯年，因心臟病發作而去世。她年輕時也曾經非常胖。而且，似乎也為了減輕體重而煞費苦心。當她短時間內成功減下三十公斤時，她作為女藝人的國際地位亦得以穩固。但是，不知是否因為這一番勉強，之後她被突發的心臟病擊倒。作為精神科醫師的我不得不認為：這兩位都忘了健康管理，即「調身」的真意，反而為了藝術而不惜傷害身體。

在此，可以了解到瑩山禪師所說的另一個「調心」的意思。一言以蔽之，這不外是自己對追求快樂的本能以及表現自己的欲望加以克制的自我設限。而且，此中有禪定的真意，也激發出「生」(bios) 之創造。我想到我的一位美國醫生朋友

對我說的話。我記得那些話確實如下：

「平井醫生！你闡明了禪修的科學根據，是日本獨特的醫學研究者。你為何不把有關禪修的研究成果，貢獻給自己國家的人民呢？你在國際上很有名，凡是對禪有興趣的學者，都在期待你下次要發表的論文。但是，我想：你不如為自己國家的人民，花費更多的精力來說明這研究的成果好些，不是嗎？你要是慢手慢腳的話，我們或許會先把你的成果當作治療的方法，廣泛地加以利用囉！」

而即使暫且被搶先利用，我想在世界已成為地球村的現代，也沒有斤斤計較、硬要抗爭的必要。但是，再重新思考瑩山禪師先前所說的話時，就覺得「那樣做是不適當的」。

話雖如此，我或許仍然是和禪佛教無緣的眾生之一。因為我認為我的「成果」等怎麼樣都行。但是，為了讓我提高我的成果，我的同事以及家族付出很大的助力。而且，也有禪僧為了我而願意做實驗的對象，因此，我也一定要說：這些人的心之交流，才是真正的「調心」。

眾生皆有佛性 —— 自以為是的傲慢

無論是誰，在其一生中，多少都會碰到困難。而身體的、心理的疾病，也會在這個時候侵襲人們。現代醫學持續努力治療這些疾病。曾經被認為是不治的結核病，現在已成為能醫治的疾病了，這可以說是醫學進步的明顯證據。不管哪一

種疾病，即使是癌症，未來的醫學也必定都能夠克服。

　　但是，唯有精神疾病不同。難治的疾病是一種越因醫學的進步而被撲滅越會廣泛蔓延的疾病。

　　當親人罹患難治的疾病，而從醫生得知此事時，想去求神問佛俾能獲得一線希望，乃是人之常情。這顯然是在醫藥也無濟於事時，想「自己」代替生病的親人犧牲而發出的信仰心。

　　現在的年輕人，或許會嘲笑這樣的心理。而且，宗教家也指出，這樣的信仰心是依賴神佛的利己心態。確實，若是被說成這樣，則煩惱的眾生只有默然而已。毫無疑義地，一方面治療痛苦的身體，一方面挽救苦惱的心靈，乃是現代醫學的任務所在。然而，現在的醫學並不具有醫治一切疑難雜症的實力，而且，尤其說到精神疾病時，我所專精的精神醫學，也較治療癌症的醫學要落後一兩步。

　　為什麼提到這樣的事情呢？因為我想要讓大家知道現在有不得不依賴神、佛之信仰心的情況。而且，也希望指出宗教疏於接受此種情況的事實。

　　以前，在江戶時代，有規定自己晝夜於神社或佛寺內來回走一百次拜一百次的苦行以解除苦厄的習俗。這樣的作為是出自在自己所愛的人面臨危機時，將自身豁出去而仰賴神和佛的懇切心情以及犧牲自己的精神。現今很多醫生不了解「在神社或佛寺內來回走一百次拜一百次」的患者家族的苦惱，而宗教家也沒有對他們伸出援手。

　　在此，就我個人的經驗來說，我能舉出一位居士的例子。這位居士是禪佛教的實踐者，同時也是優秀的宗教家。他的宿疾肺病復發。但是，在那個時候，他收到美國禪佛教、禪修的熱愛者們的訪美邀請。他不聽醫生的忠告以及周遭人士的奉勸，應邀搭機抵達美國。這是輕率的舉動。憑他這樣的作為，無論如何不能認為他是具有禪心的人。結果顯然，在當地他的病情更加重，因此不能應當地人們的邀請而歸國，並陷入不得不療養的窘境。說他這種行為是出於對修行的熱愛，並不難理解。又，宗教家即使抱病也要挺身於宗教的實踐，對這種自我奉獻，也有人認為值得讚美吧。

　　但是，他不知道在他不顧親人和弟子們的擔心而一意孤行之後，周圍的人因此多麼難過。而且，儘管他去了，他也不能滿足那些在美國等待「他」的眾生的期待，所以即使想要「做些什麼事情」也無能為力。

　　一旦落到這樣的地步，縱使有「信仰心」、「解脫」和「慈悲」，也是枉然。總之，這可說是「光為他人忙碌而自顧不暇」。相較於「依賴」神和佛的眾生的信仰心，這種把自己比作神和佛的過分自信，更多一分迷妄，這種人是日本有名的宗教家嗎？我不得不懷疑。

　　基督教規戒傲慢。當然那是因為它肯定以耶穌基督為媒介的絕對神。

　　另一方面，禪佛教也認為「眾生皆有佛性」，間接地阻止個人自以為善的傲慢。我想，坐禪的本旨在於不只使自己而

且使自己周圍的人都「悟到」每個人都有佛性，但是，令我感到驚訝的是，最近趁著禪風潮而實踐自我本位主義的在家居士卻意外地多。

他們對瑩山禪師所說的「調心」和「調身」，做過於世俗的解釋。又，他們甚至將下面所述、瑩山禪師的「調息」注意事項，也認為只是單純的坐禪方法。

關於「調心」、「調身」、「調息」，我們這些醫學者已得到客觀的證明，它們確實如瑩山禪師所說。其詳細情形容後敘述，但是，若以此為坐禪的主旨而不細加思考其內在的涵意，就會反倒變成「過於庇護，反害其人」。應該是說，在禪心、信仰心、祈禱等透過實踐而被具體體現的過程中，亦具有科學的一面。

然而，修行的意義不可不因此而更為具體。而且我想，在其意義下，也必須備有既不勉強又不傲慢的平常心吧。勉強去修的坐禪，不是人所該有的作為。那只是像電腦的計算般無生命罷了。我所想補充的是：我們醫學家所努力得知的、由坐禪之行顯示出來的科學實證，係得自本來就持續坐禪修行的僧侶們。

在此，我想提起的是：「對任何事情都必須用心」這句話。但是，這裡所謂的「用心」，意指沒有自、他對立，而是意味著自己對他我，或他我對自己的一種心的力學之統一。

這點如實地顯示於以下瑩山禪師所說「調息」注意事項的話語當中。

調息之法 —— 息的構造與身心

首先，聽聽瑩山禪師所說的話。

凡坐禪時，不可靠倚牆壁、禪椅及屏障等。又莫當風烈處而打坐，莫登高顯處而打坐，皆發病因緣也。

〔大意〕總之，坐禪時不可以背靠著牆壁、椅子、屏風、拉門等。而且，不可在風很大的地方坐禪。太高、過於明亮、景致好的地方，都不適合坐禪修行。因為這些都是會造成生病的原因。

禪師這一番話是在勸戒修禪的人：靠著牆壁、屏風、拉門、椅子露出一幅極懶散的姿勢固然是不可以的，但相反的，過度熱中，而在對身體不適當的場所打坐，也會導致疾病。極端的「打坐」會妨礙調息。在醫學上也可以獲得證實。在此我想引用瑩山禪師的話語中可被科學印證的坐禪體驗的要點。

若坐禪時，身或如熱，或如寒，或如澀，或如滑，或如堅，或如柔，或如重，或如輕，或如驚覺，皆息不調，必加調之。

〔大意〕若坐禪時，身體產生熱感、冷感、麻木感、緊張感、倦怠感，或者身體容易傾斜、或感覺輕飄飄、或感覺沉甸甸，或猛然驚覺等等的情況，這些都是尚未做好調息的證據，因此必須重新調整呼吸。

要注意的是，不要讓「調息」時的心理準備偏向極端。或者，也可以這樣說，即：一邊肩膀發硬、精神緊張一邊調息，是不可能的。在禪師這段文章中，表現出有詩意的重疊句，我從其中甚至能夠發覺到作為詩人的「禪師」的真面目。若再稍微淺顯地並大膽地從醫學立場來說這件事，則它不外是謀求吸氣和呼氣的調和。這在現代生活中是相當困難的事。英國的桂冠詩人 T. S. 艾略特，在其詩〈荒原〉之中寫到：「人們匆促地嘆了一口氣。」詩人將急促的呼吸和以嘆氣這種節奏分裂的紊亂氣息，當作「心之荒地」的證據。謀求調和「呼吸」，確實是一件很困難的事。

「息」，通常是指我們在潛意識下所進行的身體現象。但是，我們所說的「息」，與身體現象有密切關聯，除此之外尚有另一要素存在，也就是日本古語「息合」的含意。

例如，《近松物語》中武士鎌田兵衛到達決鬥的地點，一刀殺死對方。那段文章是這樣寫的：「待對方呼吸鬆懈時，一刀……。」總之，這段文章表現出，藉對峙的二人之間的呼吸情形，以決定彼此的力道強弱這樣屬於心的次元的「息」。因此，雖恐稍微偏離主題，但仍希望嘗試就「息」來做一番精神醫學的考察。

　　若把「息」當作漢字，它在平假名的意思就變得不明顯。「息」的平假名「いき」與氣勢、氣息的語義相通，以呼吸機能來說可表示人的氣力的詞語。其同音字還可寫成「生き」，也與「生」有關聯。「息」如實地傳達了身、心的情形。

　　有「精神不安症」這種病。它是從某個早上突然覺得胸口悶得慌、喘不過氣來、令人覺得自己是不是快死了的症狀（稱此為不安發作）開始的。雖然心電圖和胸部的 X 光並無異常，但是一陷入「會不會再那樣發作?」這樣的不安時，就感覺到呼吸阻塞不通。在內心深處抱有害怕生病的不安的人，就是「精神不安症」的患者。

　　他們由於這種不安而恐懼日常生活與現實。一旦這種不安變成很極端，他們就連電車也不能搭，因為怕病症在半途「發作」。他們的呼吸通常很容易變急促而粗亂，而且漸漸地失去「氣力」，那是因為他們將隱藏於內心深處，對於害怕生病的不安轉為對死亡的不安這種精神病理的作用所致。

　　如此思考「息的構造」，「息」可說是身心二者的接觸點，或者兩方作用的融合。

　　同樣地，緊張表現在呼吸上，這也是我們日常經驗到的事。嘆氣，映現了內心的苦惱;打呵欠，也顯露了內心的不暢快。所謂「息的構造」，是表示精神狀況的無自覺的體驗，同時也是身體對於生之安定的標示。

　　瑩山禪師以下所說的調息法，不只是有關坐禪方法的調息。瑩山禪師的心已經達到「覺悟」的境地。他的體驗成為

作為坐禪的竅門，成為「調息方法」的具體說明。

　　調息之法，暫開張口，長息則任長，短息任短，漸漸調
之，稍稍隨之，覺觸來時，自然調適。而後鼻息可任通而通
也。心若或如沉，或如浮，或如朦，或如利，或室外通見，
或身中通見，或見佛身，或見菩薩，或起知見，或通利經論，
如是等種種奇特，種種異相，悉是念息不調之病也。

　　〔大意〕調息的方法，是嘴像開著或不開著那樣，輕輕
地抿著，若長息則任其長，若短息則任其短，不可或長或短，
剛開始時任其自然。其次，漸漸地把呼吸調到穩定，悠然隨
著呼吸而坐禪時，自然產生初步的三昧。這麼做的話，即使
不去特別留意鼻子的呼吸，也能自然達成調息之法。但是，
心有時鬆懈，或有時得意洋洋，或有時注意力被他物所吸引，
或有時意識到體內的器官，或有時看到古代的佛，或有時產
生知見，或有時領略經典而過分解釋了，這些奇異的狀況全
部都是念息不調和的禪病，而不是坐禪原有的效用，在這意
義下，應知調心的方法就是調息。
　　禪師將前述的「息的構造」當作念息而以直觀的方式去
領會。這段文章的前半，主要在說明調息法，即不管是在長
息時或在短息時，都要把心和它調和起來，在逐漸慢慢地調
和之間，達到身心均衡的融合，即「自然調適」。
　　其次，為了要理解「心若……」以下的文章，我想有必

要稍作補充。

　　呼吸或淺、或深，次數或增、或減，這從外表就可以知道。但是，呼吸機能若產生毛病，血液中的二氧化碳和氧氣的交換功率（專門術語稱為交換比率）就變弱。結果，就會造成血液中缺氧的異常狀態，此稱為低氧狀態。

　　陷入這種狀態時，腦中補給營養的氧氣便會不足，因此腦的作用就會不正常。這時表現出來的症狀是「意識模糊」，或相反的，「意識的作用突然集中於某一點」。

　　其特徵是一種夢幻狀態。至於導致腦部缺氧的原因，例如：嗜食迷幻藥以及最近成為話題的大麻，都會產生同樣的現象。嗜吸食大麻的某位患者曾經這樣對我說：

　　「總覺得心忽然擴展開來，周圍的聲音聽起來非常地清晰。一聽到音樂，就能很清楚地分辨那是鋼琴、吉他還是小提琴所發出的聲音，而在頭腦中覺得那是自己所作的樂曲。」

　　又，另一位患者對我說：「心中一浮現遐想，它就映現在眼前，可以很清楚地看到」，「只要一想到希望和哪個人碰面、碰面之後希望講這樣的話的時候，馬上自己就宛如置身在咖啡廳和那人說話的情景中。」

　　這些是隨著意識狀態（心在平常狀態下，意識的作用方式）的變化而出現的幻覺和錯覺。

　　瑩山禪師一邊說調息方法，一邊再次重申調心的要點。這正是「心若或如沉……」以下的文章所要說的。而且，藉著「或……」「或……」的反覆說明，把一個個意識狀態的變

化，以極簡潔的步調快速地連結起來。不由得讓人覺得這種表現方法不僅帶有詩意，同時也傳達出很強的「念息」的反響。

雖然之前已說過坐禪的要點為調心、調身、調息三者。但是，若常讀《坐禪用心記》，就會了解這三要點是同時彼此互相關聯的，而且呈螺旋狀，逐漸地朝向三昧和覺悟的境地，這才是真正的坐禪。

因此，「調息的方法」也是調身的方法。而且，它和「調身」的方法有很深的關係，這點從「凡坐禪時，不可靠倚牆壁、禪椅及屏風、拉門等」這樣的話可以了解，所謂坐禪並不是依次遵循這三個步驟而逐步深化的。再者，如禪師所說，坐禪也不是為了要體驗「種種奇特、種種異相」。

我得到很多人的協助，而發表了有關坐禪的科學知識。此容後詳述，在此只想先說明一點。

我們的研究結果，使得經由坐禪而在身心兩方面會產生的變化為世人所知曉。而這些變化都是坐禪本身所固有的，迴異於一般的日常生活，以及有時生病的狀態。而且對身心的健康而言，這些變化都顯示了是朝向好的方向而變化。

這些當中特別重要的是腦的作用的變化。我想這和由坐禪修行所產生的意識狀態的變化有很深的關係。因為，對腦有不好的影響時，會出現幻覺、錯覺，以及朦朧的夢幻狀態，這在醫學上是不可否定的事實。這些是意識狀態的異常，精神醫學早就知道。

　　坐禪的時候，腦的作用安定，雖然安定，但其變化卻好像具有能瞬時即應的可塑性。因此，我想可以認為，在意識狀態中，鬆弛和柔軟的心的作用是能被實現的。到目前為止，瑩山禪師在《坐禪用心記》之中所說的事，可說已被現代醫學徹底證明了。

　　那麼，我所謂的坐禪時的意識狀態，其內容為何？以怎樣的形態出現在現代醫學的資料中呢？這些都必須再加以說明。此外，也有必要從精神醫學的立場，來說明之前禪師在「心若……」以下的文章中所指出的「念息不調之病」（此稱為禪病）。

念息不調之病 —— 悟非幻覺（禪病）

　　最近，有些吸食大麻的藝人，因觸犯「毒品危害防制條例」而被揭發，因而成為人們的一個話題。

　　大麻是不管在什麼地方都能栽培的植物，而將大麻的雌花弄乾、做成粉末便成為大麻煙。此有效的成分經化學分析後，被稱為 "Tetra-hydroxy-cannabinol"。在美國，取此化學名稱的頭一個字母，普遍地簡稱為 THC。因此，說 THC 比說大麻煙更為通行。

　　某美國友人諷刺地對我說 ——「總而言之，就是沒有才能 (T＝Talent) 的人追求幻覺 (H＝Hallucination)、最後陷入瘋狂 (C＝Crazy) 的藥。」

　　吸食 THC 時，內心體驗到的症狀有三種特徵。

　　第一個特徵是，「縈繞在腦中的芥蒂消失，拘束著心裡的不舒暢的感覺也消失，而變得自由自在」。總之，是指能遊蕩於恍惚狂喜的境地中。

　　第二個特徵是，對聲音的知覺很敏銳。具體地說，即音樂的節奏和旋律，能清楚地傳入耳裡。這確實或許是優點，但是，傷腦筋的是這些聆聽名曲的大麻煙患者卻說：「這是我所作的曲子。」這是錯覺使然。總之，雖說對聲音的知覺很敏銳，但是把貝多芬的名曲誤以為自己所作，仍然只能說是一種病態的心理。

　　這種錯覺現象更嚴重時，第三種症狀就會出現。內心所抱持的夢想和願望，宛如真的一般，出現在眼前，而且對它著迷。

　　有個患者說：「我總是被 T 這樣的電視女明星所吸引。甚至夢到和她約會。我一吸大麻煙時，她馬上就出現在我眼前，二人一起喝茶、聊天。那是非常快樂的時光。她也向我示愛。然後二人開著我的保時捷跑車到某處兜風。奔馳的節奏、車窗外的風景，也歷歷在目，她開心地對我說：『好漂亮啊！』我們的愛至此終於有了成果……。」

　　以專門的術語說，這是「幻覺」、特別是幻視的世界。現實中沒有的東西被覺知到。雖是奇妙，但此時此人確實陷入將幻覺與現實視為等同的體驗之中，因此只能說不可思議。又，加上前面所說的陶醉感，會造出更加耽溺於幻覺的世界

的心性。

　　根據以上三種症狀的特徵，大麻煙被歸類為迷幻藥，與其說它是治療用藥，倒不如認為它更近於麻醉藥。但是，它的藥效不像麻醉藥那麼強。而且，作用也比可稱為迷幻藥代表的 LSD25 要來得輕。

　　LSD25 的幻覺作用相當強。大都會令服食者陷入為非常幸福的薔薇色所包圍、為眾神之聲所祝福的精神境地中。此外，也有美國的精神醫學家，觀察有幻覺體驗的女性患者，而提出報告指出：甚至有女性患者幻覺聖德蘭亞維拉（St. Teresa of Avila (1515–1582)，西班牙的天主教修女）的奇蹟在她們的身上發生。

　　已故京都大學名譽教授佐藤幸治氏，善於介紹禪的心理學。而且，他本人及其弟子們持續傾全力分析達到開悟境地的心理過程。

　　佐藤教授所修的禪，主要是臨濟宗一派的禪法。因此，他的風格在於以解釋「見性體驗」為目標。「若到最後來看，一切都是新鮮的。甚至連路旁無意中長出來的雜草，也在眼前映現出這世上所沒有的美。在獲得見性的體驗時，我想這就是禪心……」，佐藤氏於歐文的專門雜誌上發表這樣的意見。我想確實如此。

　　但是，到了晚年，正好 LSD25 在我們精神科醫師之間被視為問題，很多服用體驗的報告被提出。我不知道佐藤教授自己是否服用 LSD25。但是，他依據這些論文的實證，說藉

由 LSD25 而得到的心境是「覺悟」本身。

　　這不是在撻伐已逝的人。但是，晚年的佐藤教授把迷幻藥所造成的人為境地，當作「覺悟」加以介紹，我對此深感遺憾。因此，有「立即禪」一語的出現，而美國的嬉皮為迫求禪悟，濫服 LSD25，然而，他們所謂的「禪悟境地」終究也不過是瞬間即逝。一旦藥的作用消失，隨後只有精疲力盡的疲勞感、空虛感及冷漠，於是他們越發沉入絕望的最下層。

　　如此，佐藤氏把 LSD25 所致的幻覺作用當作覺悟的說法，顯然是錯誤的。他似乎將「禪病」誤解為見性——覺悟的心靈體驗。

　　為什麼敘述這樣的事情呢？因為坐禪時，透過極端地折磨身體的行為，以及以獲得見性體驗為目的的修行等等，心理上會產生錯覺和幻覺，是可以得知的事。專門術語稱此為「心因性的錯亂狀態」。在前面說過「調身」的瑩山禪師，他的「用心」在此更清楚。尤其在「莫處烈風而打坐，莫登高顯之處而打坐，皆發病之因緣」的文章中，他巧妙地指出陷於心因性錯亂狀態的危險。

　　再者，如前面已經說明過的，瑩山禪師以「或……」、「或……」等一一例舉說明的文字，不正可視為是他對於「錯覺—幻覺的體驗」並非禪的真髓一事，最直截了當的「用心」嗎？

　　所謂「禪病」一詞於宗門之中何時開始被使用，不是門外漢的我所能知道的。但是，若說前揭瑩山禪師所說的「念

息不調之病」即是「禪病」，則可認為它是在精神醫學上以急性之錯覺—幻覺為主要特徵的「錯亂狀態」。

曹洞禪以「只管打坐」為重點，而臨濟禪注重以見性為目標的坐禪修行。這不是在說哪一種禪好、哪一種禪不好。我對坐禪進行醫學研究時，和許多禪僧來往。就其體驗而言，在臨濟禪方面，似乎有很多僧人、居士雖然為「禪病」所侵，但卻把它說成「覺悟」。然而，我認為這並不是真正的覺悟，毋寧是一種精神錯亂！我逐漸了解何謂「禪病」，它確實不是覺悟。

不管哪一宗派，凡執著於冥想修行不離的，是這種心的昏沉乃至錯亂。若將一人流放至孤島，他必定如以前的《今昔物語》和《雨月物語》所描寫的那樣，陷於錯亂之中。或許這是持續冥想修行所不能避免的毛病。因此，瑩山禪師才在《坐禪用心記》中特別提及其預防的方法。雖然這段文章稍微長了些，但是我仍想引用它看看。

安心於鼻端丹田 —— 禪病之預防

在引用瑩山禪師的話語之前，希望先補充一句話。為了治療陷入「急性錯亂狀態」的人，我們會使用鎮靜劑和精神安定劑。雖然如此一來，「急性錯亂狀態」的人馬上就鎮定下來了，但由於復發的可能性相當高，因此不得不採取預防法，此稱為「精神療法」。簡而言之，這是為了避免「急性錯亂狀

態」的發生，而循循善誘，使患者自己體會到，他在日常生活中應抱持如何的心理準備才對的一種治療法。

　　若從我們精神科醫師這樣的體驗來思考，瑩山禪師的話十分具體，充分傳達了「禪病」的預防。他的話如下：

　　若有病時，安心於兩趺上而坐；心若昏沉時，安心於髮際眉間；心若散亂時，安心於鼻端丹田。

　　〔大意〕心若陷入這樣不良的狀態時，便將心置於兩足之上，如此端正坐禪的姿勢。萌生睡意時，可將注意力集中於前額。心散亂時，可透過調息法，將注意力集中在鼻端至腹部（丹田）。

　　這些話道出三者一體的坐禪要諦，即：不必將調心──調身──調息區分為三。在此，我想 A 博士以心理學將坐禪區分為三段，顯然是錯誤的。這點在科學上的反證，則打算在解說我的研究成果那節再加以闡明。

　　居常坐時，安心於左掌中。若久坐時，雖不必安心，心自不散亂也。

　　〔大意〕平常坐禪時，要將注意力集中於左掌。即使坐禪的時間長，心也不散亂，則可以安心地繼續坐禪。

　　這是頗吸引人的文章。右撇子的注意力會特別集中在右

手。但是，這是為了注意的「注意」，不具有安心的作用。「安於左掌中」的心，或許才是預防散亂和昏沉的方法。因為左手為支持右手活動的母體，是可以藉由醫學證明的。無疑地，瑩山禪師一定是在自己的坐禪經驗中體會到這一點的。因此他才斷言「心自不散亂」，不是嗎？

　　以下禪師的話語指出知的迷妄，相當嚴峻。那些話是這樣說的：

　　凡疲勞身心，悉發病因緣。火難、水難、風難、賊難，及與海邊、酒肆、婬房、寡女、處女、妓樂之邊，并莫打坐。國王、大臣、權勢家，多欲、名聞、戲論人，亦不得近住之。

　　〔大意〕總之，身心疲勞是容易產生禪病的原因。於火難、水難、風難、賊難之處，不得坐禪。也不應在海邊、酒場、賣春的旅館、寡婦和處女的家，以及藝妓的住處中坐禪。反之，在有國王、大臣、名譽欲很強的人，以及廣博多聞、個人信念過強、喜好議論瑣事者的地方，最好也藉坐禪而不去接近。

　　總而言之，埋首於紙上談兵的教典和宗師的教說之中，所見所讀大多都是說坐禪時產生幻覺的話語罷了。這點在我有關坐禪的腦波研究中，已獲證實，容後再述。因為現在必須依照禪師的話，來窮究由他奠定基礎的「坐禪」的本質。

多則皆亂心之因緣 —— 易陷入禪病的類型

　　有些人具有易於陷入「急性錯亂狀態」之素質與性格。這種人的第一特徵便是極易意識到疲勞的「神經質」。他的另一個性向可從處處追求虛榮、自我表現欲以及自我本位的「追求快樂主義者」的性格看出。總之，雖然神經質、意志薄弱，卻自尊心極強的人，容易因細微瑣事，陷入「急性錯亂狀態」。這是精神醫學上老早就確定的常識。

　　自尊心強的人對小挫折很敏感。神經質的人也會對極小的苦難加以誇張。因此，這二者都執著、苦惱而不得安心。這樣的患者會對精神科醫師撒嬌地說：「我失敗是因為公司的同事扯我的後腿、陷害我，不是嗎？」當他們不說客觀的事情，突然這樣問我時，我當然不知道怎麼回答，因此只好以問代答地說：「那麼，這是怎麼回事呢？」他們常會表示說：「這有口難辯。但是，我比別人早到公司，早上六點半，連守衛都還沒來之前，我就到公司了。而且，在大家來之前，我就已經先做好工作，因此之後才有空閒。有時幫幫別人的忙，有時在午休時大搖大擺地帶著辦公室女職員們出外吃飯。她們不但沒有喋喋不休，反而稱讚我的能力，這確實令我非常高興。但這樣一來，口袋中的零用錢卻減少了很多；上司和同事卻一直都不贊許我這樣做。不只如此，有人善於討好，有人愛說壞話，所以我不能忍受。」

　　或者，也有這樣的情況：「我承擔工作場所一切的不滿，並一一教導他們解決之道。而且，因為我精通占星術，所以年輕的同事們紛紛要求我幫他們看今日的運勢。而這似乎不合課長的意。禍不單行，最後被課長罵，所以，……」

　　此外，也有患者這麼說：「我心裡想：『無論怎麼努力，都不被重視。像我這樣精明的人，卻得不到上司的賞識，在這種上司的手下工作，我可不幹！』雖然白天邊想著這點邊持續工作，但到了傍晚，就會覺得很厭煩。自然而然地，就不得不去有女性的酒吧，消解煩悶了。」

　　最糟的是，那種年過六十、靠利息就能悠閒度日的患者。我想他們若悠閒自適而熱中於興趣也好，但是他們連這點心情也沒有。

　　以下便例舉一位這種極端的患者所說的話。他說：「要是問我現在想要什麼，我會說什麼都不要。但是，以前大學時代的同班同學，現在都很卓越。一想到這裡，就陷入悲慘的回憶中。這些朋友們說我的生活很優裕。但是，這話聽起來只覺得諷刺。我痛切地想要在自己的名片上附加某種頭銜。因為先父是公司的股東，因此我在形式上有『某某公司顧問』這樣的頭銜。但這馬上被朋友們看穿了。因為他們一看到名片，他們的表情便立刻顯示：他們知道我的頭銜其實是閒差事。」

　　老實說，我一聽到這裡就感到很厭煩。因此，他的心病也是不會治好的。在現代，依然奮不顧身地想取得名副其實

的頭銜、奔走的人，我覺得他們還是有人情味的。我雖不以
為苦難是好的，但他們心裡不以此為苦，所以他們還是幸運
的。毋寧說，我不可認為，這位病患他如今在爭奪遺產繼承
時自我的欲望擴張，自尋苦難，又不停地對我傾訴他的失眠，
就是在傳達某種空洞的生活方式嗎？

　　我對上述那些訴苦的患者所下的診斷是 ——「歇斯底
里」。我想這可以列為「禪病」之一；我也在瑩山禪師以下的
話中，發現其立足點。

　　復如古教，雖照心家訓，不可多見之、書之、聞之。多
則皆亂心之因緣也。

　　〔大意〕佛教祖師之教，確實是使心聰利的重要珍寶，
但是，不要看太多、讀太多、聽太多比較好。因為若知道太
多珍寶，欲求會增強，反而會阻礙坐禪的心境。

　　已經很明顯了吧。在自己的任性、自我本位的欲望（或
許不這麼認為，但在潛意識中卻正是如此）和虛榮方面，裝
做了解「禪」的居士，是與坐禪者相同的。最近，或許由於
我是日本唯一闡明禪觀科學的學者，很多為禪病所困的人紛
紛寫信給我，我對此實在感到很苦惱。

散心亂念 —— 心、震撼

　　傳出石油危機時，日本企業相當恐慌，可說是處於「日本也完了」這樣的絕境中。不過，這樣也不是沒有道理的。因為，在正視石油資源全部仰賴外國的現狀時，石油震撼是使每個人都被捲入「集體歇斯底里」的衝擊。因此，日本也被認為走上了窮途末路。但是，到現在回頭想想會同意：實質上，對正為達到經濟大成長而自豪的日本人而言，這無異是警鐘。所幸，日本在經濟方面尚有有識之士。雖然他們說現在很辛苦，但是，我們的日常生活並不像新聞所報導的那麼窮困。

　　不是說什麼事都丟給別人作，在日常生活中，人的智慧貫徹著能迴避衝擊的防衛本能。事實上，曾因敗戰化為焦土的日本，不是已完全重新站起來了嗎？最好的證據，可從受原子彈轟炸而搗毀的廣島市已重新成為日本數一數二的美麗都市這件事看到。

　　總之，可將石油震撼視為是在物質的層次，這是對過分勤勞的日本人的急躁之心，及恐將迷失本來之心的危機所提出的警告。美國的未來學學者哈曼・卡恩，他預測日本的未來可能會有若干種類型，但是，我看到的是以下的話：「在今後的日本，有可能是一個無聊而令人厭煩的時代。而自古繼承而來的日本文化被重新修改，作為世界的代表，日本人民

生活豐富，這樣的機會不會沒有嗎?」

在此，很明顯的，人類在經濟成長背後瀕臨窒息的心，有再度恢復生氣的可能。若把此稱為「禪心」或許太誇張，但我認為瑩山禪師下面的話，正充分傳出此中的情形。

大佛事、大造營雖最為善事，專坐禪人不可修之。不得好說法、教化，散心亂念從是而起。不得好樂多眾，貪求弟子，不得多行多學。極明、極暗、極寒、極熱，乃至游人、戲女處，并莫打坐。

〔大意〕做大佛事，造大佛寺等雖然亦屬要事，然專心坐禪之人不應以此為學習目的。也不必特別喜好說法、教化，因為這樣做會使心念更加散亂。不應喜好很多人群集在自己的周圍及多求弟子。過度坐禪並無益處。不應胡亂閱讀經典。應知在極明、極暗、極寒等地方，及在遊手好閒的人、娼妓所在之處，不宜坐禪。

總之，對於重大的事情、頭腦的知識，或者隨順世態的指導者的作法，瑩山禪師似乎都提出疑問。縱然他並未指出這些是不好的，但是，在那疑問中始終指出散心亂念的產生，而且他的文章在遣詞用字上相當銳利。瑩山禪師的話語，正充分指出了那些因石油震撼而搖動的心靈震撼，是已失去平常心的眾人之心。

尤其，「好樂多眾……」這樣的文章，在現代百家爭鳴的

評論家中，可說是一針見血的見解。我讀到這段文章時，深切地體會到，《坐禪用心記》不僅敘述有關坐禪的方法，而且含有為迷失方向的現代人的心提供支柱的意味。

而且，瑩山禪師又不厭其煩地說明實際的坐禪行。「極明、極暗、極寒、極熱，乃至游人、戲女處，并莫打坐」。這段文章作為禪師詩心的表現而迅速聞名；然而，如何解釋它才好呢？我依然不能脫離「坐禪」來思考，但總覺得有些難解的部分。

要解決這問題的關鍵有二。其一是要有這樣的立場，即在「極明、極暗……」極端的狀況下，思考坐禪的效用，但認為即使加以利用，亦是枉然。其二是要有這樣的想法，即相反的，坐禪與在「極明、極暗、極寒、極熱，乃至游人、戲女處」放棄認真生活的人無緣，這也可說是心情的打破。因為瑩山禪師雖將「時代」視為現實，但抱持著嚴肅的心態，認為人的業也有限，而大膽否決在兩極化狀況下的坐禪，不是嗎？

例如，畏懼石油震撼的民眾，所求的若只是解除歇斯底里症狀（又，事實上，按照精神醫學來說確實如此），那麼坐禪或許便帶著沉淪於墮落方向的自暴自棄的危險，而變成與覺悟差距相當大的禪病。

探道之心 ── 不容易的「安樂法門」

這是在某報紙上曾經報導過的事實。據說某禪僧吸大麻。由於只是新聞報導，所以事情的真象並不明確。然而，若這是真的，則瑩山禪師在此的話語，便有作用了。某人說：「坐禪是求安樂之道。」這不是錯誤的嗎？亦即將禪師所教的：應該完全避免極端而打坐比較好，改為「朝向安樂之道」，我想，這真的是非常曲解的。

在瑩山禪師的話語中，有些地方會引生這種誤解。這是因為禪師自律甚嚴的關係，而在克服這一關之後，再度對眾生說「要避免如此」的部分，或許就被誤解為「朝向安樂之道」。與其說沉浸於極端的玩樂之中而苦惱是一種自我的苦惱，不如說它是一種以自我為中心的逸樂。越要拯救這種自我沉淪，越不能直截了當地說坐禪「很不輕鬆啊」。

在以下所介紹的禪師的話中，我覺得彷彿具有某種安慰作用。其內容如下：

叢林之中、善知識處、深山幽谷，可依止之。綠水青山，是經行之處，谿邊樹下，是澄心之處也。觀無常而不可忘，是勵探道心也。

〔大意〕在佛門的叢林中、優秀的禪師處、深山幽谷中

坐禪，是件愉快的事。又，幽深澄澈的綠水淙淙，青山高聳，對理想的坐禪修行而言，是必要的光景吧。而這些地方非常適合作經行的場所。藉由經行，滌清雜念，細心領會心思澄靜的經驗。體悟無常之後，會怎麼樣呢？內心澄澈並進而追尋坐禪之道的心，會油然而生。

根據我們的科學研究，經行的修行像是在坐禪與坐禪之間的休息中的「散步」。其詳細內容，稍後再作整理說明。不過，在此我想提出的疑問是：禪師所指的「綠水青山」、「深山幽谷」、「叢林之中、善知識處」這樣的「經行之處」，在現代的哪一個地方呢？

當然，並不是沒有這些地方。不過，這些全部是忙碌工作的現代人垂手可得的嗎？而且，說這些地方本身充滿禪心，不是太古雅嗎？

夏目漱石在他的小說《門》之中，即使怎樣地請教徵詢，終究還是對不能消除內心苦惱的禪教絕望，而離開寺院。用不著說因為他是一位「多行多學」之徒吧！不過，漱石這個體驗，倒在一部他未完成的小說中被具體化了。不用說那就是《明暗》。在小說中，漱石因為想要成就「則天去私」這個心願，而大膽地詳述作為無業遊民的男主角與其妻子的往來。這是對所謂「安樂法門」的禪佛教的一大挑戰。而且，從其中可以看到漱石這個兼具西歐知性和漢文化的東方人的心，抗拒禪寺的「烽火」。

漱石心中似乎認定，「朝向安樂之道」只是啟示性的預言，

這成為他未完成的大作《明暗》的次要主題。甚至聽說，漱石在他親筆所寫的文章當中，提到：「有不能拯救煩惱眾生的宗教嗎?」

想憑空得到「安樂」，是現代的迷妄。正如日圓上漲所顯示的，世界各國評定日本為有錢的國家。這雖是我們流汗工作的結果，但是，另一方面，卻不能說，在那樣的努力中不含自以為只有工作才對的作風。這是被外國人嫌惡的主要原因嗎?

由於職業的關係，我常接觸到很多精神病患者，其中，有很多是禁欲者。雖然他們想要安樂，但是實際上，卻因禁欲的性格，而壓抑自己不許自己去追求安樂。所以，若毫無顧忌地說的話，他們大都是小氣的人。

我們醫生從這樣的患者們收到禮物的機會，確實很多。但是，在送禮者之中，有些人送的是去國外買回來囤積的蘇格蘭威士忌酒，或者一看就知道是轉送的東西。如果我知道是那樣的東西，我絕對不會接受。雖然知道會被認為頑固，我還是謝絕，因為正直的我覺得，一句道謝的話要比那種轉送的東西更寶貴，而且，這會讓我不由得升起受到輕視的感慨。這種與其說是感謝的心情，倒不如說是用東西來吸引醫生關心的小氣根性很分明，真是令人厭煩。我不是說所有罹患精神病的人都是如此，但是，似乎越是有錢的患者越是這樣，所以更令人討厭。

他們連對待醫生都是這樣，因此，他們在日常生活中對

待他人的方法不是也一樣嗎？可是，他們由於追求安樂，所以如意算盤打得非常好。此外，也有患者太過於追求自我，因為小氣根性導致的人際關係不佳而深感苦惱。

他們異口同聲地說——「雖然我竭盡所能，結果卻被出賣，因而不再信任別人了……」。實際上卻常常不是如此。他們所給的，是出自小氣根性而轉讓給別人的事物，他們還認為藉此可以傳達誠意，所以才招致人們的反感。現代確實流行藉著物品表達謝意的作法。而我也認為，這作為日本的美德，是可輕易接受的事。但是，在送東西給人以表示感謝的真情時，例如走酸了腿，走遍了百貨公司的各個樓層，好不容易才選定一份適當的禮物，這份心意，就受禮的一方而言，也應會深受感動。然而，很草率地拿著百貨公司的贈品送人，這時受禮的一方因為感覺自尊心受到輕蔑而生氣，這也是人之常情吧！

憑空追求安樂法門，是小氣根性，亦即自我中心主義的表現，而將坐禪只視為是安樂法門而去追求，終究是不合理的。

我想，夏目漱石所生氣的，事實上並無關宗門，而是他身邊有太多自我中心主義的人。這種例證完全表現於他的小說《道草》當中，夠讓人厭煩的。

要獲得安樂之前，誠實的性情是必要的。因為疏忽於此，所以遠離安樂，陷於煩惱，最後罹患精神病。我的某個患者痊癒之後，告訴我：「醫生！精神病患者都是極端自我的人。

現在的我，對此非常了解。您非常努力地要把這樣的患者當作伙伴，實在是很可憐……。」雖然我想「真是這樣呀！」不過，有時還是會想起。最近我開始覺得，要是內心具有小氣根性，就沒辦法開啟安樂法門。

雖說瑩山禪師擅於了解人心，但不能認為他就是天生的精神科醫生。若要顯示其證據，則只要引用以下《坐禪用心記》的話就可以。

憍慢、我慢、法慢 —— 理智上貪心不足的人

坐褥須厚敷，打坐安樂也。道場須清潔，若常燒香、獻花，則護法善神及佛菩薩影向守護也。若安置佛菩薩及羅漢像，一切惡魔、鬼魅不得其便也。常住於大慈大悲，坐禪無量功德，迴向一切眾生。莫生憍慢、我慢、法慢，此是外道凡夫之法也。

〔大意〕坐禪時，在臀部下安放蒲團（這稱為坐墊）。坐墊必須要厚。這是因為要以安定的心情坐禪的緣故。坐禪的場所也一定要乾淨，而且要常燒香、供花。如此一來，若安置護法的諸佛，備置佛像，則可藉其影響保持坐禪時的氣氛。不只這樣，而且所有的惡魔和妖怪也無從下手。這是坐禪所具有的不可估量的功德。可相信這就是為了解救眾人心靈而修的真正的坐禪。若一旦陷入憍慢、我慢、法慢這種習氣中，

馬上就那樣墮入與動物相同的外道凡夫之法了。

　　對此，我想，瑩山禪師在敘述坐禪時的具體氣氛的同時，也斷定了坐禪和陷於「憍慢、我慢、法慢」中的人是無緣的。所以，才稱此為「外道凡夫之法」。

　　就這個意思而言，運用「外道凡夫之法」的人，遲早會得到精神病。這不是「法」，而可以說不外是忘了迴向給眾生的憍慢。

　　若借用佛洛依德的話，任憑本能所趨，過於增長貪欲，皆與良知這樣的超自我——亦即使眾人之心得到共識的行為習慣——相反。雖然因此而苦惱，但這只是迷妄而已。而即使持有迷妄來坐禪，也理應得不到安樂的境界。而且，若就現代的方式來重新定義外道凡夫，則可以將他們重新解釋為遺失本心的「理智上貪心不足的人」。

　　話雖如此，我並不否定理智的生活。反而是說，只要生活在現代，它即是必要的。但是，我這樣認為：遺忘了威廉·布萊克的詩句中所提到的，「豐富即是美」這種心靈，一味追求理智的生活，這便是罹患精神病者的病因。

只管打坐 ——「斷煩惱」的異說

　　其次，瑩山禪師提到「只管打坐」的功德。在瑩山禪師以「只管打坐」為坐禪中心的話語中，身為精神科醫生的我認為，可以了解到將那個人們生活在有限的生命中、沾染世

俗而生活的生活本身，視為「完善」的共鳴 (Compassion)。
這說明容後再述，現在讓我們來看看，在《坐禪用心記》之
中被認為最重要的禪師的話。

　　念：誓斷煩惱，誓證菩提，只管打坐，一切不為，是坐
禪之要術也。應常濯目、濯足，身心閑靜，威儀齊整。應捨
世情，莫執道情。

　　〔大意〕若想從本心斷煩惱，得到和佛陀同樣的覺悟，
則只要一味地坐禪（只管打坐）即可。於此專心一意是坐禪
的要術。而且，必須常常努力清洗眼睛的俗塵、刷掉雙足的
不淨、淨化身心、調整好坐禪的姿勢。達到坐禪的高峰時，
捨棄世路人情，且連省思坐禪之道的必要也沒有。
　　所謂應捨棄世路人情，是禪師獨特的異說。而「斷煩惱」
這句話，是指要知道這點的意思。亦即人既然活著，就有很
強的欲望，而強烈的欲望會變成煩惱。這是人類的真實狀況。
「斷煩惱」這句話，並不是說要放棄這種真實狀況。這毋寧
是人之常情。所以，我想這句話是在說一定要面對這種真實。
這在精神醫學上稱為現實檢證的能力。總而言之，這種能力
是指如實地接受自己以及自己周遭的環境，並且若有超出這
些的部分也能加以捨棄的能力。
　　更簡單地說，這是指真實地知道能力的界限，因此才有
人開始進步的可能性。

這樣一想，「只管打坐」顯然不只是一味地打坐的意思。這是說，直視現實對人而言是件痛苦的事情。甚至尼采也說出：「人渴望迷亂。因為沒有迷亂，人就不能活下去」這種意思的話。瑩山禪師所說的「只管打坐」，充分地展示出精神醫學的目標。

莫說 —— 坐禪的科學性

《坐禪用心記》是為了宗門的修行僧而寫的作品，這點由它產生的歷史，可以得知。而且，雖然承其學說而發揚者也很多，但幾乎都是禪門之人。

為了修習禪佛教，不可不讀通自古所傳的法典。學習「佛法」、掌握它的學識，被認為一定要具備。這在當時被認為不是一般的努力就能達成的。因為當時不如現代那樣容易得到解說的書籍，而且，原典本身的數量也有限。我想，修行僧都是根據祖師口傳之教拼命理解佛法的。

雖然這只是我這個門外漢的推斷，但是，我認為其中有兩個主要的原因。其一是：拯救人們脫離疾病、飢餓等容易致命的苦惱，是僧侶的職責所在。另一則是當時有些知識分子，看到人類不能抗拒那種天地變異的宿命，自己既傷心又懊惱，便因而發心出家修行。

因此，不得不藉由勤學及修行來克服自己的煩惱，並抱持皈依佛的絕對信仰。我想，即使「學識」再怎麼豐富，佛

陀慈悲的真義，也無法傳達給如「受苦之羊」的民眾。而且，心因此而感動並解除煩惱的人，又有幾位呢？

自古以來，禪宗就不像基督教那樣，盛行治病的奇蹟。而且，這方面的記述，也不見於我所知的書籍中。《聖經》中記載使盲者看得見、使無法走動的人能馬上站起來行走，諸如此類的事情，禪書中是沒有這種事的。我想，在此可以看出，禪門中以「坐禪」為修行主軸的意義。

我擅長的精神科醫療，也有類似的地方。雖然使用精神安定劑能減輕神經衰弱的症狀，但是，卻不一定能完全治癒。雖然仔細傾聽他們的苦惱是重要的，但是，這種事本身卻是非常痛苦的。而當接觸到種種苦惱而難以忍受時，我們精神科醫師就會像機關槍一樣，提出陳腐的處世警言。

然而，患者似乎並未因此而變好，反而不是使他們的苦惱增長，就是使他們墮入更大的迷惑之中。像年輕的醫師那樣，因為這樣的傾向而失敗。

我們並不多話，但是，卻要勸患者多說，以便從他錯綜複雜的心路歷程探求出他的苦惱的根源。但是，也不能過早地對他們說明。在他們談到與苦惱的根源有關係的話語時，我們要這樣回應：「是的，你確實很任性。不過，注意到這點是好事。……」在一再重複這些話時，患者的自我開始獨立，明顯地朝向痊癒的目標。這是我們以專門術語稱為「精神療法」的武器的根本。

話說回來，瑩山禪師將坐禪奉為修禪的根本，可解作是

為了修行僧。在以下禪師的話語中，這點可以說很明確。

　　法雖不可慳，然非請莫說。守三請，從四實，十欲言而九休去，口邊醭生，如臘月扇，如風鈴懸虛空，不問四方風，是道人之風標也。只以法而不貪於人，以道而不貢於己，便是第一用心也。

　　〔大意〕雖然不可吝於說佛法是理所當然的事，但是，坐禪時沒有這個必要。被請教時，也可以回答。但是，得在被請求三次之後，才可以開始說明坐禪的方法、效果及喜悅。不過，不可完全說出，說出九分即可。即使不講，嘴邊都快發霉了，也要像不急、不必要的事一般，沒有說的必要。這是禪者正確的證悟。不可藉說法而奉承人，也不可誇耀自己的修養或自己很優越。這也正是坐禪主要的用心所在。

　　前面我曾提到，在瑩山禪師的話語中，表示坐禪是不容易的地方很少。但是，在此卻以濃縮的形式來表達它。大家更應注意到坐禪也嚴格地要求自我限制。

　　所謂「四實」，也是指自己藉由說法，將人心導向佛道的意思，然而，按照文章的脈絡，則是指禪師知道的道理、訓示、喜悅、利益等，原本就存在於人心的洞見。若用現代的話語來說，就變成知性、良心、感情、欲求吧！這些不只存在於個人心中，也會化為行動表現於外。禪師指出，「四實」是人類存在本身。可以說，當這些取得調和時，人心是健康

的。

　　其後的「口邊醿生……」的文句，充滿禪師的詩的特質和幽默，這是無庸置疑的。雖然他是在談論嚴肅的事情，但是，卻也可以令人感覺到他灑脫的胸襟。而且，不容分說地以「便是第一用心」結尾，讀起來是何等地暢快！令人不由得心服口服地說：「啊，就是這樣吧！」

　　總之，他不說要以坐禪行奇蹟。毋寧是相反的，他暗示，豈止奇蹟，甚至誇示說法和道理，對坐禪都構成妨礙，所以是不可行的。在此，我認為可以發現足可證明禪本是包含科學的、宗教的證據。但是，科學和宗教的接觸點到底如何呢？

意盡理窮處 —— 真正的現實性

　　在此之前，必須先說明一下。現代是對任何一個行為的理由都想知道的時代。極端地說，對社會現象乃至一切心理現象，都不停地要求說明。

　　發生空難時，確實必須追究其原因。因為這將有助於防止第二次、第三次相同事故的發生。雖然中、小學生的自殺問題，已被當作社會問題，但如果問：能將它等同於「事故」來說明嗎？則絕對不然。因為，雖然可以從教育、家庭、補習班、朋友、本人的性格、競爭激烈的社會等各方面，來剖析這個中、小學生自殺的問題，但是這些並非是全部。

　　而且，更糟糕的是，這種問題若由很多不同領域的專家

來說明，則事情的真象本身就將會像斷了線的汽球般，越飛越高最後消失得無影無蹤。而且，當下次事件再度發生時，同樣的事情還是會重複上演，而成為一直無法解決的情況。

即使是一九七八年一月伊豆大地震時，預測地震的事也被當作問題而提起。起先有記錄地殼變動的震動波及提出警告的報導，其次，也有該市地震研究團體掌握預測資料的報導，但是這些都在地震發生後才加以說明。就好像馬後炮一般，但地震的事因此暫時被忘掉。

我要預先說好，我不是說不可以說明。我想說的是：就像一旦經由說明而領會之後，大家才恍然大悟地說：「啊，是這樣子啊！……」那樣，看不清重要的事情，因此覺得很困擾。或者也可以這樣說──一旦說明結束，事象的真實性也就跟著消失了。

而我也知道，就連我擅長的精神醫學裡，在解說患者的症狀和了解患者的心理之間，是有差距的。例如，患者會說：「漸漸聽得見外面在說我壞話的聲音」、「外面的人一知道我的想法，就七嘴八舌地說要這樣做、要那樣做」等。雖然將這個症狀稱為幻聽，但想要了解罹患幻聽的患者的心理，並不是一件容易的事。因此，有關幻聽的學說雖然很多，但對幻聽者的研究卻很缺乏。

我甚至對於「禪，不立文字」，也被認為是一種禪的說明。對於奉「只管打坐」為金科玉律，說只藉由實踐坐禪自然達到開悟的境界，我認為這也是一種不超出說明的範圍的語言。

此二者都不是我們眾生能了解的。「只是這個嗎?」一讀到這話時，就馬上覺得坐禪好像浮上空中，它的實際情況看不見了。然而，坐禪是具有真實性的。因為它儼然在我們的前眼。

瑩山禪師在下文提到坐禪的真實性，那是超越說明的對岸時對坐禪的確信。禪師的確信如下:

夫坐禪者，非干教、行、證，而兼此三德。謂證者，以待悟為則，不是坐禪之心。行者，以真履實踐，不是坐禪之心。教者，以斷惡修善，不是坐禪之心。禪中縱立教，而非居常教。謂直指單傳之道，舉體全說，話語本無章句，意盡理窮處，一言盡十方。絲毫未舉揚，是豈非佛祖真正之教也!

〔大意〕所謂坐禪是因佛之教、行、功德而得悟（證），並非與「教、行、證」沒有關係，毋寧說坐禪應同時具有此三德。但是，在此必須強調的一點是，並非為了追求「證」（悟）而坐禪。所謂「行」，並不是指執著於善、惡之行。而這也形成坐禪的本質。而「教」，則是更極端的，將為惡視為惡，一心將修善視為善。這也與坐禪的本質無關。即使於坐禪中立「教」，它也與其他佛門所說的「教」不同。在祖師傳來的、沒有分別智的道中，從行為到生活的全部，都沒有記載有關價值觀，以及基於此而說法的文章。佛的意與理不是在文章中做出來的，甚至也不強調它。這不正是真正的佛之教?

　　在此，被視為「教、行、證」的，是佛教所說的三法。
證即悟，行是修行，教是斷惡修善的根據。禪師說，為了得
到這些而修行，並非「坐禪之心」。此處的文章雖然語調充滿
詩的直觀，不過，卻也很一針見血。

　　以下的文章，是想要超越一切說明以傳達坐禪之心的話
吧。雖然「一言盡十方」，但是，一點也不將此視為語言，而
這不正是佛陀真正之教嗎？我想，在此彷彿顯示出坐禪和佛
陀之教的交會點。

　　此處禪師的話語，我並不認為只是向佛教的其他宗派而
說。因為禪師更進一步地探求交會點，而說明如下：

　　或雖談行，亦無為行。謂身無所作，口無密誦，心無尋
思，六根自清淨，一切無染污，非聲聞之十六行，非緣覺之
十二行，非菩薩之六度萬行，一切不為，故名為佛。只安住
於諸佛自受用三昧，遊戲於菩薩四安樂行，是豈非佛祖深妙
之行也！

　　〔大意〕即使進行世俗的、現世的活動，它本身也要遵
照佛之教，而不是追求什麼而做的活動。是如實表現出修行
坐禪的「身」，而不是口中嘰哩咕嚕地唸誦妖術的經文，心猿
意馬是不行的。亦即坐禪者要清淨六根（五官加上知覺），斷
絕所有的妨害。不要思索「四聖諦」（四種正法之教）中的十
六行相、有關生死輪迴的十二因果，以及超越生與死的佛陀

的六度萬行等。即使不這樣做，也可藉由坐禪體證佛性。若
相信佛性，而只專心致力於坐禪，則自能證得三昧的境界。
能很容易地修得菩薩所說的四安樂行（安穩的行為、語言、
想法、祈願）。可以說，坐禪正是含藏著佛陀甚深智慧的修行。

　　瑩山禪師當時如何在宗門推行坐禪，並將它的功德施給
眾生呢？關於這些，不是門外漢的我所能知道的。但是，若
從禪師的話來推想，或許是和燒香禮拜、口誦經文等併行。
而且可以推斷，達到聖人階位的聲聞、緣覺、菩薩的法也被
宣說過。恰如我們開精神安定劑給予神經衰弱症的患者服用
那樣，可知首先要採取的，是煩惱的對治方法。

　　六根是指具有五官和心的人。人若是六根清淨，他就不
會是神經衰弱症的患者，而是無需多做對症療法的人。也可
知，或若清淨的心生出煩惱，瑩山禪師會說「坐禪就行」，而
建議坐禪。然而，對於「非菩薩的六度萬行」這樣的話，我
只感到困惑。六度是指布施、持戒、忍辱、精進、禪定、智
慧。「萬行」是指累積這些六度的修行。說這「非」，到底意
味著什麼呢？想著想著時，突然若有所悟。亦即禪師在此，
並沒有把眾生和僧眾分別處理啊。

　　眾生的心中皆具有佛性，佛性藉由坐禪而覺知時，人自
然就達到「自受用三昧」、「四安樂行」的真心。禪師不是以
此為坐禪的真實性，而指出說「非佛祖深妙之行」嗎？現在，
我深切地領悟到，它具有患者身心本具的自然復原力，或和
自然治癒力相同的真實性。

超聖凡之格式，出迷悟之情量
—— 宗教和現實的銜接點

　　若根據以上的考察，就可以很清楚地了解到，以下瑩山禪師的話，是將坐禪視為有真實性的實體，並確信它是和宗教的銜接點，或者是禪佛教的主體。由以下明朗的文章，可以馬上看到其證據。

　　或雖說證，無證而證，是三昧王三昧，無生智發現三昧，一切智發現三昧，自然智發現三昧，如來之智慧開發明門，大安樂行法門之所發。超聖凡之格式，出迷悟之情量，是豈非本有大覺之證也！

　　〔大意〕或者，於坐禪中被證得的「覺悟」。雖說被證得，但在無證（在連已覺悟都不知覺之中，更進一步「覺悟」）中，它本是明明白白的。這才是三昧中的三昧。有本來的智慧出現的三昧、令一切天生本具的智慧發出光輝的三昧、有自然之智、如來（隨行於佛陀者）之智併現的三昧等，皆是無證。如此，經由坐禪而開始產生安樂，並打開通向佛法之門。甚至連超越聖者和凡夫的區別、查明迷、悟的心情也沒有。這不正是本具的大悟嗎？

　　我已無法再贊一辭。在反覆讀誦這些話時，我的內心響

起了另一種西歐的音樂──貝多芬的第九交響曲〈歡喜的合唱〉的旋律。

好像有點過於信筆揮毫了。話再說回來吧。瑩山禪師一針見血地指出：將人所具有的可能性，視為「大覺之證」而加以實現的，乃是藉由坐禪。他並且透過三昧一詞，將人所具有的知、情、意的精神機能，當作部分的直觀，而把這些可能性提示在我們的面前。

更重要的是，瑩山禪師認為教、行、證並不只是理論，他以能在世界中體驗這些、而自然證悟的坐禪，為禪的正門。

至少，瑩山禪師不是第一個提出坐禪也能為一般人體驗的人吧？但是，瑩山禪師並沒有說，不體驗看看，便不能了解坐禪。就我所知，現代的禪確實不停地強調體驗坐禪的必要，並說坐禪才會達到安心立命的境界，這時才談得上坐禪的功德。在此，我發現現代禪實際上是在討好現代人的原因。雖然我是一個門外漢，這樣的說法非常失禮，但是，這樣的做法就好像把安心立命當作胡蘿蔔，令馬疲於奔命地追尋坐禪一般。所以，現代的坐禪雖說是實踐，實際上這是在揭示目標。

和以往大不相同的是，現代人已經藉由與坐禪無關的文明，充分地獲得日常生活的安心立命。他們對待別人確實不和藹。神經衰弱症的患者，對自我欲望的執著也很強。在競爭場所怕比人落後的不安，也正在日益增強當中。然而，現代人心中因疾病、飢餓而致命的恐懼，早就消失。也有很多

人抱持每天極其平常地過著工作、享樂的充實生活的心態。

　　在如此的現實之中，邀請我欲、我執堅固的人們坐禪，到底會變成怎樣呢？大概會落到將我欲、我執合理化的下場吧。

　　有「野狐禪」一詞。有很多不入流的居士，他們口中直說自己「開悟了」，而誇耀自己坐禪修行的功力。他們因此而完全壓抑我欲，或者企圖將我執正當化。這些都可以說是現代的禪病吧。所以，雖然有人有心參禪，不過，不久後就放棄。這是很令人遺憾的事。現代禪不正是忘了瑩山禪師在真實性和宗教的銜接點上所掌握的坐禪的本質嗎？

　　我想，坐禪是一種宗教修行，同時它也顯示出人生存著的證據，即使去掉宗教所具有的語言和概念，它仍有存在的價值。而瑩山禪師以坐禪為正宗的教導，現在似乎正在喪失中。

　　在瑩山禪師所說的坐禪中，宗教和現實的銜接點被固定著。而且，瑩山禪師確信純粹作為體驗之學的坐禪。在此，精神醫學能指出坐禪的科學性、宗教性與現實性正在凝縮。

心地無相之戒 —— 冥想的科學性意義

　　我因工作的關係，常常訪問歐洲各國及美國。而且，每次目睹人們一到星期日就聚集於教堂的情景，總覺得不可思議。

　　我也曾到過馬賽。碰巧，抵達的隔天是星期日。因下榻處主人的建議，坐他的車到教堂去。這座教堂叫做多拉佳列特聖母院，建於馬賽的山丘上能俯瞰地中海之處。和巴黎的聖母院相較，這座教堂是一棟色彩非常明艷的建築物。

　　我很自然地參加此地的「彌撒」。彌撒在莊嚴神聖的氣氛中，有一種華麗與燦爛。祭壇的明燈，主祭神父的服裝（記憶中不是黑的），以及聚集於此的神父們，都是明朗而華麗的。

　　我想，這種氣氛確實是屬於南國的。因為我覺得它和亞爾薩斯洛林省斯特拉斯堡市古教堂中「彌撒」的陰鬱黑暗氣氛，是截然不同的。

　　但是，以朗讀《聖經》開始，其沉主祭神父傳教，則是完全相同的。但是在多拉佳列特聖母院的「彌撒」之中，有一段時間是讓聚集的大眾把沉默的冥想奉獻於神的，我對此感到訝異。人們雖各按所好採取不同的姿勢，但都一律合掌、沉浸於冥想。當然，我也有樣學樣，這或許是因為連我這個異教徒，也能輕易地理解，在主祭神父傳教之後做冥想的意思吧。

　　隨後，神的僕人們三三兩兩地散去了。即使現在，我也能回想起他們臉上所流露出的輕鬆微笑，以及柔和的言行舉止。我似乎也和他們一樣。我「啪啦！啪啦！」地拼命拍照，這對於甚嫌拍照麻煩的我來說，是極為罕見的。或許連身為異教徒、異邦人的我，也已有舒暢的心情。而那也是一種感動的體驗。

　　同行的住處主人對那樣的我這樣說：「您昨天來的時候，非常地緊張，聲音很激動。和現在所看到的您，樣子完全不同。」

　　的確，由機場到下塌處，我一直處於緊張、孤獨的狀態中。我想起那個晚上，我也全然不能好好地入眠。我不願意認為，住處的主人竟把我當作患了神經衰弱症，而把我帶去教堂。不過，事情可能就是那樣的。而當時的我，卻也不再多想，完全沒再在意那件事。

　　現在回想起來，由於後來所做的冥想，我把主祭神父所說的戒律、平和、「像蛇般聰敏」的智慧全都忘了。但是，我本來對法語就不十分懂，或許因此而受惠也說不定。這樣斷言似乎不當，然而，我想，那個冥想確實是和我作坐禪研究時，在總持寺的週日參禪會第一次坐禪之後，於回家的電車上，所曾經體驗到的暢快感相通的。

　　隔天我拜訪邀請我前來馬賽的馬賽大學神經系教授賈斯特先生。當時，賈斯特教授正對催眠醫學做深入的研究。他希望運用腦波，來弄清楚催眠狀態下腦活動的狀況。賈斯特教授是世界級的腦波學權威。

　　當在頭皮上安放電極，將時時刻刻變化的腦的活動接到稱為腦波計的增幅器上，而加以記錄時，被記錄下的波型曲線，就是被稱為腦波的現象。賈斯特教授好像想藉此來掌握，向來還沒有獲得十分確切證據的催眠狀態。

　　他知道我已經依據腦波，來確認坐禪時的意識狀態。他

不停地詳細詢問我那個研究的具體方法。因為他叫日本留學生翻譯我的日文論文《坐禪的腦波的研究》，也閱讀過了，但只憑這樣，不清楚的地方還是很多。

那一天，我為了記錄由他的助手引入催眠狀態的人的腦波，而整天待在他的實驗室中。然後，我對於記錄下來的資料進行分析，結果不能掌握一定的傾向。但是，賈斯特教授似已了解大體的記錄方式，以及資料分析的方法，而感到很滿意。

其後，大約十天的期間，反覆地作同樣的實驗，但是，在資料分析上，還是無法得到可稱為催眠狀態的結果。我覺得這不是記錄的方法不好，而是在催眠狀態中似乎有各式各樣的要素。

在遙遠的地平線彼方，夕陽正西沉，蔚藍的地中海也逐漸變暗。在可由大窗縱目遠眺在海之彼端閃爍夕陽餘暉的宿舍餐廳中，我和賈斯特教授一起進餐。就是那個時候，面對著地平線，閃耀著夕陽餘暉的大海，啟發了我。我一口氣地向他道出我的體驗。

那是我在多拉佳列特聖母院如上述那樣地體驗到的事。

真不愧是賈斯特教授。他好像是在評價我的經驗似的。在那一年後，他親自寫的研究書就送到我手上。書名是《催眠的精神生理學》。不用說，我一口氣地將它讀完。上面有附帶圖示的說明：「平井博士闡明坐禪時的腦波變化，但是，這種腦波變化，在基督教的冥想時，即使不是在全部的人，卻

也是在相當多的人身上看到。」確實是這樣子啊！我有這樣的
感慨。

此外，他也說到了和催眠不同及類似之處，而他的詳細
說明，姑且不論。讀過之後，我所關心的，是在包括禪的冥
想在內的冥想修行中，是否有催眠的要素？

我和現為福井大學心理學系教授的藤澤清先生，開始進
行催眠狀態的腦波研究，是在其後不久的事。而後，我們發
現一個事實，即：導向催眠的暗示性內容，即使好像暫時令
人進入催眠狀態，對當時的腦波記錄，也有很大的影響。這
可以說是在追究：在受外力支配的心理狀態下，腦的活動不
一定朝向一定的方向，亦即安定化的方向前進。

當然，有關這一發現，我們已經用歐文在賈斯特教授所
編輯的專門雜誌中，以論文的形式發表過了。幸運的是，坐
禪時的腦波和催眠狀態的腦波截然不相同。因此，很高興地，
禪觀不即是催眠這一事實，獲得許多領域的學者支持。

即使如此，我還是深切地覺得，能和博學之士巧遇是很
值得慶幸的事。

基督教有很嚴格的戒律，又有神亦即保護這些戒律的絕
對者。它越特別強調這些，越沒有新意。然而，賈斯特教授
的研究結果，卻令我有這樣的一個念頭：儘管基督教和禪佛
教在本質上完全不同，不過，出乎意料，基督教所作的冥想
和在作禪觀時所產生的腦的活動，有類似（或者相同）之處。

把腦的狀態直接等同於心的狀態，當然會被批為草率的

一元論。然而，在這樣的反論中，強烈地帶有笛卡爾的二元
論立場，因此，身心一如的境界無論如何都難被理解，而且，
神經衰弱症的患者為身體的不適所惱這個臨床事實，常在抽
象的彼方被忽略。

例如，當有不安時，便會有胸口鬱悶、心跳加快，以及
不知所措等的感覺出現。此外，根據心身醫學的實證，壓力
是造成十二指腸潰瘍的原因。

我在此，毋寧認為此處有將超越一元論、二元論的科學
知識，顯示給我們的資料。如果把坐禪的地點比喻為通達山
頂的小道，則將左右兩側陡峭下滑的稜線地帶比喻為身心兩
方面，應該也可以吧！

走在通達山頂的小道的眾生，確實有戒律之心。如果沒
有此戒律之心，誰也不會去走那條難走的山徑小道呢。畢竟，
人樂於五官之欲，而且貪生怕死。他們在皈依神或佛時，一
定都懷著祈求救贖的心情。雖然「只是困厄時的神」是自古
以來的諺語，但這個風氣至今依然未衰。我覺得不只如此，
近來連西洋占星術都盛行起來，它的影響也越發擴大。

奈良時代以後，神的觀念逐漸地改變。在平安時代，廣
泛地流行著「本地垂跡」之說。亦即神所具有的超自然力，
以及支配人的戒律的神祕性逐漸褪去，在將戒律視同禁壓的
觀念下，認為即使佛說法教導人，人也可以直接地訴求於神
佛的想法，在日本人的心中，逐漸地形成。在《源氏物語》
的明石那一節中，就有「若真的是垂跡的神，則請幫助」這

樣的文句。

因此，以下瑩山禪師有關禪觀的一段話，可解作是超越
一元論、二元論的立場，而立於實行坐禪的資料本身的認識。
而且，以明白易懂的文字，且就正確的認識論傳達出此間的
情形的著作，除了瑩山禪師的《坐禪用心記》之外，或許不
多了。這是禪觀原封不動地給予現代人的價值意義。它如下
所說：

又坐禪者，非干戒定慧，而兼此三學。謂戒是防非止惡。
坐禪觀舉體無二，拋下萬事，休息諸緣，莫管佛法、世法，
道情、世情雙忘，無是非，無善惡，何防之有也？此是心地
無相之戒也。定是觀想無餘。坐禪脫落身心，捨離迷悟，不
變不動，不為不昧，如癡如兀，如山如海，動靜二相了然不
生，定而無定相，無定相故，名大定也。慧是簡擇覺了。坐
禪所知自滅，心識永忘，通身慧眼，無有簡覺，明見佛性，
本不迷惑，坐斷意根，廓然瑩徹，是慧而無慧相，無慧相故，
名大慧也。諸佛教門，一代所說，無不總收戒定慧中。今坐
禪者，無戒不持，無定不修，無慧不通，降魔、成道、轉輪、
涅槃，皆依此力，神通妙用，放光說法，盡在打坐也，且參
禪亦坐禪也。

〔大意〕又，坐禪即使不關戒律、冥想、智慧這些名目，
卻也兼容此三教理。總之，戒是為防非止惡，然而，在坐禪

中，卻是泯除相對立的事物，而以總體來掌握。藉由解除現世關係的糾葛，而超越自我。其中沒有佛法與現世法，以及佛的教說與現世的知識等的區別。不以是非、善惡之情為二元對立。因此，即使防止，也沒有防止的對象。在禪者的心中，「戒」成為不必防止其形的總體。冥想，是包含一切事物的冥想。坐禪，是觀佛性的一種修行。此外再無其他了。

坐禪，是將人引至一種從身心對立，得到解放的自由，以及超越迷、悟區別的心靈狀態。因此，它是不變不動的。即使不說一語、不做一事，卻並不是對一切的事物都漠不關心，而是不令辨別知開動起來。把這種境界說成「如痴如兀，如山如海，動靜二相了然不生」（《首楞嚴經》）。

關於動靜二相，如前所述，以海水和波浪的比喻就可知曉吧。此心的境界，是意味著超越二元對立的立場、沒有動靜的分別、而也不是沒有活動的大安定。藉坐禪所做的冥想，不是去決定、思索對象（無定相），因此，將它說為大定相。

「慧」，是指聽聞法理，並加以修行。因此，它是知道是非善惡、生死因果、理解它們的。然而，坐禪是不令辨別知開動，而把不生二元對立的意識帶給心。在此，身心的一切自然都成為「慧」，生死因果的意識，由此對立轉變成自由的心境。這就是「通身慧眼，無有簡覺」的意思。

藉由坐禪，人可以一舉把握佛性。這可使人從對意識構成妨害的執著（迷妄），以及價值觀的偏頗（遺恨）中解放出來，而且不再迷誤。受局限的自我意識，見到佛性時，也能

超脫它的界限。這不是「慧相」（知識），而是知本身，因此，稱之為「大慧」。

佛門中有種種的宗派。在那些宗派中可看到「戒定慧」這三個由佛陀傳來的教法的本質。然而，現在的坐禪，必定將一切的戒律、冥想的總體，以及智慧的本質，都包入其中。佛陀降魔、成道、一生五十年中救度眾生的努力（轉輪），以及超越生死的「涅槃」，這些都是佛陀透過坐禪修行所達成的，不是嗎？藉由佛陀以及其坐禪之力，有神性者、聖者他們好像都在陽光中發出光輝。坐禪令這些事成為可能。

現在，有關參禪，除了禪僧們平常的行事、用功及生活外，尚有種種繁細的規定（參禪），而其本質就在於坐禪之中。

大概沒有像這樣明快地將坐禪觀的意義細說分明的詞語吧？

如前所述，賈斯特教授和我等，都已經藉由腦波這種客觀而普遍妥當的方法，來指出禪觀異於催眠之處。

現在的精神醫學，並不否定催眠具有治療的效果。而且，此機制，顯然是藉由實行催眠的治療者所具有的暗示能力，以及被治療者所抱持的期待感 —— 這稱為被暗示性 —— 相互作用的力動所致。因此，暗示能力以及被暗示性，在個別的「舉體」中，有相互提高的必要。

雖然利用催眠，使被催眠者殺了催眠者所憎惡的人，已經是很久以前的講法了，不過，在推理小說中，仍有這樣的情節。的確，這種事也不能說是絕對不可能的。因為在這種

催眠的狀態下，並沒有戒的「防非止惡」。也可以指出它也不是「觀舉體無二」的方法。

然而，在催眠法，舉體有二個人，以彼此間有一種治療者與被治療者的關係而成立，這是它的目的所在。放下諸事，中止原因、結果的分析，而且忽視治療者的價值觀與人生觀，這些無論如何都不是有用的做法。

外國人經常會有這樣的疑問，即「若無想無念，拋下萬事……無是非、善惡，那不就是一種即使偷盜、殺人等惡事也可以做的心境嗎？」這和催眠不同。禪師若無其事地說：「此是心地無相之戒。」當時，催眠療法在日本是否流行，至今已無法得知。不過，《坐禪用心記》中可以解作已經說出禪觀與催眠法不同的文句，就是這一句，亦即說有戒律這點。而這不外是人在內心中自備的智慧。因此，在「定和慧」這兩個語詞中，前者表示感情的安定（此稱為定），後者表示創造性的啟發（此稱為慧），亦即「定和慧」是用以表示有這兩者同時顯現的人的心理。

說那也不是有意識的，藉由坐禪的「用心」（我希望將此解釋為「生命情感」）而達到「大定」、「大慧」，我想，這和瑩山禪師所說的「定是觀想無餘。坐禪者，脫落身心……（中略）……心識永忘，通身慧眼，無有簡覺……」，是相通的。

其實坐禪的科學性已含於此處。它不僅指出了坐禪和催眠不同。在這段文章中，也明顯表示出人心所具有的可能性開發的科學性。

　　我所尊敬的朋友，東洋大學的恩田彰教授，將坐禪的心理學，描述為創造性開發之源。這是根據他把得自許多禪僧的內心表現加資料以分析而下的結論。又據說，那些心理學所作的性格測驗，也明白地顯示出這一點。（恩田彰著，《創造性之研究》，恆星社原生閣，昭和四十六年）

　　又，我們依據坐禪時的腦波、呼吸，以及其他記錄資料，所作的精神生理學研究的結果，也出乎意料的和恩田教授的意見一致，能為坐禪時的腦內機制，更仔細地建立基礎。其詳細說明，容後再述。然而，在此有一點必須注意，那就是：以這樣的方式表示「戒定慧」的瑩山禪師本身的心境，是否把我在多拉佳列特聖母院「冥想」之後所感受到的心理狀態為其初步的萌芽而呈現出來？

　　我在應賈斯特教授之邀前，一直一面和很多的老師，以及參禪者接觸，一面記錄他們的腦波、呼吸以及其他種種的腦的生理學現象，自己也以參禪者的立場，學習坐禪。若讓我依據我自己這樣的經驗說，則對於前面所設的問題，我想回答說：「是的。」而能夠支持我的想法的，則是前面所引用的、禪師話語的最後部分。坐禪的科學性不是包含於其中嗎？

　　在此，再一次不厭其煩地重述禪師的話語：「諸佛教門，一代所說，無不總收於戒定慧中。今坐禪者，無戒不持，無定不修，無慧不通，……（中略）……皆依此力，……（中略）……盡於打坐也，且參禪亦坐禪也。」

若欲坐禪 —— 坐禪與自律訓練法

　　自古以來日本人的心理都是很健康的，因此，趕搭最近「健康法」熱潮的心理健康法一類的書籍並不多見。然而，儘管如此，以歐美精神療法為主的書籍在經過改編後，仍廣泛地流傳開來，提供給心理有困擾的人們一個解救的途徑。

　　在這些書籍當中，效果最好的首推《自律訓練法》。此書由德國的精神科醫師 J. H. 舒茲 (Shultz) 博士規畫，在昭和三〇年代時，初次介紹到日本精神醫學界。1905 年，舒茲博士以學術方式將自律訓練法體系化，並將對心理健康有效果的實證出版為《自律訓練法》，因此，本書到相當晚才出現在我們面前。

　　在此，雖稍嫌離題，但仍擬簡略地敘述其綱要。當時，他關心催眠治療法，而且開始對這種治療法作精神生理學的研究。其方法極其簡單：即向被催眠的人詢問他的身體在催眠中的感覺。在收集到許多這樣的記錄時，他注意到：被催眠的人所體驗到的肉體感覺有共通性。首先，是「手腳沉重」的感覺。

　　之後，舒茲博士仔細地調查催眠狀態中身體的變化。於是，他注意到，除了「手腳沉重」的感覺之外，「手腳溫暖」的感覺也是共通的。此外，還有「溫暖的感覺在全身擴散開來」、「呼吸變得很輕鬆」等相當多的體驗報告。然而，在這

些當中，他查出「沉重」和「溫暖」才是最大的共通點，並且是此催眠治療法的根本。

就醫學而言，沉重感是筋肉弛緩所造成的，而溫暖的感覺則是由於全身以及心理放鬆的關係。舒茲博士確認這樣的弛緩是沉重、溫暖這種暗示本身的結果，並將之稱為心理、生理的「再體制化」。

心會受到身體狀況的影響，反之，身體也會隨著心而改變狀態。為了保持心的健康，必定要好好保持身心平衡。而將此平衡調至符合自己期望的方法，則是心理、生理的「再體制化」。

此後，有各式各樣的方法加入自律訓練法中，現在，這些方法不只是治療心理疾病的方法，而且也被用為促進心、身健康的方法。但其基本理念並無改變，舒茲博士所說的再體制化仍是其根基。又，以今日的形式將自律訓練法格式化，作為精神療法之一的，是加拿大蒙特利心身中心的所長 W. 魯提博士。他在瑜伽冥想修行中，探尋舒茲博士所說將心身平衡帶到好方向的方法。也可以說是，將以冥想實現心身一體化的過程，調換為「再體制化」，以取代用催眠達成的再體制化。魯提博士在與舒茲博士合著的 *"Das Autogenic Train-ing"*（《自律訓練法》，1959 年）一書中，對此有詳盡的敘述。然而，只要從頭至尾瀏覽過後，就知道他們並沒有改變這種方法的原理，而只是將再體制化改稱為「意識的轉換」。而且，自人神能合一這種瑜伽冥想，引出要求心身統一的和諧，並

利用此瑜伽冥想的修練以成立使他們的方法進展的動機。

　　本書最重要的部分，毋寧是它指出有關自律訓練法的姿勢。無論是坐在椅子上或是橫臥，都須以姿勢放鬆為前提，之後身體沉重、溫暖以及其他自我暗示等等才有可能。

　　自律訓練法是從記載進入催眠狀態者的體驗的集錄發展而來的，這一點前面已說過了。但後來自律訓練法超出現象論的領域，而以一種科學根據（即再體制化或意識的轉換）為中心。而且，近來以演繹的方法將此技巧加以鑽研、格式化。在這過程中，自律訓練法的姿勢在技術上已趨定型，這點可解作它的好結果。詳細情形請看拙著《自我催眠術》（光文社，capabooks）。現在再回到先前的話題。

　　關於瑩山禪師的《坐禪用心記》，我至今所述的，不外是歸納說明了：坐禪是提供宗門的修行法，同時以歸納法說明，也可以作為有益身心健康的訓練法，並內含著確立的科學性。換句話說，瑩山禪師所講述的是潛藏在禪的直觀裡的理論與融合了實踐的直覺的科學。如果現在在此要說得更清楚些，我想可以斷定，禪觀所具有的科學性，才是超越二元思考的，才是普遍妥當的。再者，若視禪觀為禪佛教的真髓，則其中也可以再度確認，禪佛教是除了宗教性外，同時也具備科學性的東方智慧。

　　我想針對《坐禪用心記》中有關坐法的說明，將瑩山禪師使坐禪更容易進行的科學實踐的要領，作比 "Das Autogenic Training" 的記載更詳細的敘述。的確，禪師的《坐禪用

心記》不單只是把原理當作理論加以介紹而已。甚至，如已述，可說是瑩山禪師的直覺本身即具有作為透徹學理的科學性。因此，如下展開的他對「坐法」的說明，不僅實際，同時也有效；不僅演繹性地，而且歸納性地賦予坐禪本身一明確地位。

　　欲坐禪者，先靜處宜焉，茵褥須厚敷，莫教風煙入，勿令雨露侵，護持容膝地，清潔打坐處。

　　〔大意〕坐禪時，首先宜選擇一僻靜之處。坐墊要厚，還需注意不要讓風和煙吹進來；此外，還要考量到雨、濕氣對坐禪者的妨害。一切就緒後，慢慢屈膝盤足，並正確保持此姿勢。又，坐禪的場所要隨時保持清潔。

　　在此，我們知道「清潔打坐處」的說法，不只有物理上的意義。總之，為了保護身體，僻靜的、風煙不入、雨露不侵的場所是必要的。換言之，也可以說這是能夠使身體放輕鬆的環境。然而，真正必要的是「護持容膝地」的心。一定要在確保此心之後打坐(坐禪)，否則會變成自吹自擂的苦修，或者是陷入魔術師的幻境。所謂「容膝地」，雖也可視為修飾語，但也符合一項醫學事實，即打坐時，當兩膝自然平衡的同時，與「地」接觸的「心」的場所也會自然成形。因此，在此述說「清潔」是指心的層面的理論。總之，那種地方是安靜、舒服的所在。

以下禪師所說，與上述作對照，可解作消除世人誤解的話語。

雖有昔人坐金剛座，坐磐石上之蹤跡，亦無不有座物，坐處當應晝不明，夜不暗，冬暖夏冷，是其術也。

〔大意〕佛陀的坐禪處是菩提樹下成道的「金剛座」，而且也有佛陀在磐石上坐禪的事跡。但是，那時都有使用坐墊。坐禪時，若在白天，則不可過於明亮；若在夜晚，則不可過於昏暗；冬暖夏涼最好。這些是在坐禪時應先注意的事。

世尊確實是在菩提樹下坐禪悟道的，想必是修難行、苦行而開悟的。禪師「金剛座」一詞簡潔地表現此事。若說還有什麼坐禪，則有臨濟禪的修練者所喜好而倡導的「巖頭坐禪」，但這不就是禪師所說的「坐磐石上」嗎？即使有那樣的事（蹤跡），也都必須要用到坐物。總之，可以說「無不有坐物」。

就醫學而言，此事的意義出乎意料地深遠。無論如何，坐法絕對不可傷害或過度驅使身體。事實上，若就現代運動來看，這種坐禪訓練法的危險，符合運動生理學家對馬拉松的心臟負擔所提出的警告。此外，保持結跏趺坐或半跏趺坐的坐禪姿勢時，腰不可沒有坐墊；否則脊椎骨會嚴重前屈或後彎，而且也會帶給大腿骨底部很大的負擔。

據說，世尊在樹下開悟時也有坐墊。而且，古人在磐石

上打坐，也有使用坐墊的記載。若然，則可知坐法絕對不可造成身體無謂的緊張。

　　如《自律訓練法》之處所述，為了使心安定，也一定要讓身體安定。但除此之外，瑩山禪師說：「坐處當應晝不明，夜不暗，冬暖夏冷」，也就是說：坐禪場所的光線和溫度都應適中。瑜伽乃自律訓練法的基礎，而在瑜伽中，有些是對身體相當嚴苛的訓練。例如可舉出：停止呼吸，甚至令心臟跳動停止的方法等；但在自律訓練法中，就沒有這類無理的部分。

　　那麼，為什麼魯提博士將瑜伽冥想當作自律訓練法之基礎的作業假說呢？因為他依據瑜伽的真意是「軛」，而認為身心的統一是自律訓練法的醫學根據。

　　以後，在美國，陸續有冥想訓練法從魯提博士這種想法衍生出來。於是，這種冥想的科學受到重視。包括筆者們的研究在內，冥想修行的科學根據開始逐漸明確起來。如前所述，「意識的轉換」可說是一例。這方面的研究正在進步中。

　　又，冥想修行的結果有益於心理健康也已成為定論。當然，禪觀的目標在於證悟，但筆者認為，若就禪觀訓練本身而言，同樣可說它是企圖轉換意識的方法。

放捨心意識 —— 擺脫束縛

　　在《坐禪用心記》中以下的一段話，對這方法作了最適

當的描述:

> 放捨心意識，休息念想觀，勿圖作佛，勿管是非。

〔大意〕在心的準備方面，放棄自我意識、自己內心的思惟活動、自己的想法，不可一味地急著想要得到佛性。說起來，猶豫不定的疑念也應該去除。

接續在「雖有昔人坐金剛座，……，是其術也」之後的這一段《坐禪用心記》的文章，可解作是在說明自然而然招致意識轉換的注意事項。亦即要從心中把有意識的「考慮」排除掉，不要只以頭腦理解與教條有關的觀念，不要想開悟而與佛合一的目標，並要停止分別判斷是非的思慮，等待自然產生的被轉換的心態就好了。

我認為，在瑩山禪師的話中，這部分最難理解。因為它會被視為異說，另一方面，它也可能被誤解為叫人放棄好不容易說到此處的坐禪功德。此疑念至今仍在筆者心中徘徊不去，但作為一科學研究者，無論如何，我也不能站在將自律訓練法、瑜伽冥想以及其他的冥想訓練與禪觀等同起來的立場。

那是因為，如下所述，珍惜時間，有如要除去附著在頭上的燃燒物一樣，將驅使釋迦如來努力端坐，和達摩大師努力在少林寺面壁，一味坐禪「打成一片」的動力，簡單地歸結為「都無他事」，並思索著是否有必要追問。瑩山禪師這篇

文章極簡潔，只敘述如下。

　　護惜光陰，如救頭然，如來端坐，少林面壁，打成一片，都無他事。

　　〔大意〕坐禪的人不可浪費時間，相反地，也不可不顧一切地修行。佛陀坐禪的姿勢與達摩大師面壁持續坐禪一事，這些以外都不可傳。

　　目前，正在寫到這點，我的思想欠缺一致性。我的文章十分艱澀，筆調也顯得沉重且不流暢。但是，這時最好暫且擱下思想的一致，而向前進。因為那是擺脫精神病理學所說的「執著」最好的方法。讓我們來看看禪師所說的這一段話：

　　石霜擬枯木，太白責坐睡，不用燒香、禮拜、念佛、修懺、看經、持課，只管打坐始得。

　　〔大意〕據說昔日石霜慶諸禪師在石霜山中坐禪二十餘年，其姿勢好像寒山枯木。再者，太白山的如淨禪師，是第一個說到在坐禪中陷入睡眠之害的人。不用燒香、禮拜、念佛、讀經等，「只要一心一意地坐禪」，佛性就得以實現。

　　即使在此，瑩山禪師的措辭簡潔而富詩意。在此，我這門外漢若要強行解釋的話，則石霜即石霜慶諸禪師，他將坐禪的心境比喻為「枯木」；太白是天童如淨禪師的外號，「責

坐睡」是勸戒坐禪中不可睡著的意思吧；但接下來的「燒香、
禮拜、念佛……」等，我就不甚了解了。

　　若強作臆測，我想是說在瑩山禪師時代，禪宗已經極盛
行，「燒香、禮拜、念佛」已成為宗教儀式而被普及化，不是
嗎？甚至天主教所說懺悔自己所犯下的心罪的形式，在當時
禪的宗門中，或許已經有了。因為這裡所說的「修懺」即是
此意吧。而「看經、持課」與其說是作為傳道修行，不如說
是作為佛教式的修行而被確立的。

　　瑩山禪師認為這些對於坐禪都是無用的。為什麼無用？
我仍然不甚清楚。但若大膽對此作臆測，則他的意思應是說：
即使在定型的儀式上加上坐禪，也是沒有用的。或許，瑩山
禪師已在當時的禪宗隆盛中，看穿禪失去其本質的危險。若
以現代方式而言，我也認為，雖不是心理學家 Erikson 所說的
「自我認定」，但瑩山禪師已注意到：男不像男、女不像女、
父母不像父母、教師不像教師、醫生不像醫生，這種自我認
同的危機。

　　近來總覺得《坐禪用心記》中有不得不被認為過於簡潔
的地方。但是，正從醫學研究禪觀對心和身體的影響的我，
在這部分遭到挫折，對禪觀與其他的冥想訓練及自律訓練法
雖有非常類似之處，但仍然有所不同，雖然不清楚，但已有
進一步的發覺。

　　我們很難用言語來說明此事。但是，現在我卻能想起以
前與魯提博士討論自律訓練法與坐禪之異同時，我曾在無意

間順口說出的話──「沒有道理的道理」,有點像是翻臉不認人的表現方式,其實只是為了反對他將瑜伽冥想作為自律訓練法的理論基礎的說法罷了。

照理講,我應該這樣說:「坐禪時所造成的,如同您(即魯提博士)所言,是意識的轉換。但它的內容有差異。我在治療患者時也採用自律訓練法,而且也確實很有效。但是,用不著如您一般在瑜伽冥想處去探求它的根據吧。問題是在企圖達到意識轉換的方法中,什麼才是重點所在。禪觀的效果未必有直接的目標。不過,在禪觀中,理論與實踐是一致的。」他會反對我這樣的說法吧。「真的是為了證悟嗎?」在此,我們需重新探討「只管打坐」。

應該端坐 —— 坐禪的實踐

我開始對坐禪像我對「研究」那樣熱衷,是在我蒙文部省贊助研究經費,成功地結合了夏之接心與我們的科學研究的時候。但說起來,我對坐禪接心的科學實驗印象深刻。文部省贊助一切費用。以橋本惠光為指導者,而其嫡傳弟子及其弟子們則成為此劃時代的實驗接心的被測試者。實驗的場所是在靜岡縣、名為可睡齋的寺院。此寺不是禪堂,我並不清楚它作何用途,但它是一間二百個榻榻米大的房間,被布置成我們的實驗與惠光老師團體的接心的場所。我們用兩部大型卡車將大學研究室的記錄機械,及其他必備的器具運到

那裡。然後將機械及器具安放好，接著加以調整、試轉，一直弄到深夜。

　　我們當前的工作，就是把從明天要開始接心的「曉天坐」的禪僧詳細地記錄下來。惠光老師等人早已抵達，在各個的房內，如我們只關心目前的實驗那樣，專心於實驗器具的整備。

　　據說「曉天坐」從早上五點鐘開始，因此，我們當然在三十分鐘前，已將記錄器具和僧眾要佩戴的各種電極物事先準備好。

　　實驗性的接心的「曉天坐」，在記錄面進行得很成功。準備的器械也都運作順利。即使在今日，回想起當日結束時，夏日清晨清澄透徹的天空和陽光，仍然歷歷在目。那好像夏日清晨將更生動活潑的氣息吹入祈求所要做的在實驗進行得順利、成功的願望。我們研究團隊高興地相互握手道喜說：「好極了」、「這一下子沒問題了」、「太好了，總算做成了」。

　　之後，到了早餐的時間。早餐叫做「粥坐」，這件事我早就知道，並且也曾經驗過。但是橋本老師的粥坐卻很嚴格。我因此覺得接心嚴格得不得了。因為粥坐時也要誦經，連我們也被要求以莊重的態度參與每一個儀式。端坐的時間約一小時，我們這些研究者也一定要和以老師為首的僧侶一樣難以忍受端坐，那靜謐且安穩地進行端坐。然而，在此要坦白說出，在我們這些人當中，由於端坐的痛苦、早餐間一系列的儀式等，都使得退縮者不斷增加。粥坐結束時，想要站起

來卻站不穩，一副要跌倒的樣子。那景象至今仍能浮現在我眼前。有一個同事說：「受不了。這一來撐不過一個禮拜吧。」又有一年輕的研究員說：「午齋也是這樣的話，無論如何也支持不下去了！」

　　所幸，我們不用參加粥坐後的出坡。那時，我召集所有的研究員，對他們這樣說：「確實嚴格。研究也是如此，實踐共同生活亦然。但是，大家請仔細想想，即便是師父們，這也是個難得的接心的機會。大家是否有想過，我們安裝的電極及其他記錄儀器，就他們的坐禪而言，極為苛刻嗎？」

　　這些話似乎蠻有效的。一切牢騷至此平息。我這才放了心，同時也開始覺得我自己有專心坐禪的必要。以後就把記錄委託助手們處理。我並且把在老師所指導的接心之行中增長的覺悟告訴同事，但他們一樣不安地說：「但是，醫生！在記錄的工作上若有不知道的時候怎麼辦？如果沒給工作上的指示不知道怎麼做……。」

　　但是，我不為所動。我認為成果只要有預計的八成即可。因為此時最重要的並不是記錄的完整，而是要讓橋本惠光老師等人專心一致的坐禪修行。因此我告訴他們：「這樣就行了，不會過分吧。你們也已經作過好幾回了，不要依賴我，就依照以前那樣做記錄。而且每天結束後，也還有互相商議疑點的時間。」翌日，我便加入僧侶中，開始坐禪。

　　在那當中，大家對粥坐的痛苦也逐漸習慣了。每天工作全部結束後，我們在研究員的房內討論，依據當日的資料，

逐項共商次日的記錄方法。至今，我還會懷念起當時的情景。

那時，研究員當中也有想和我一起坐禪的人。我竭誠表示歡迎。不知不覺地，我們這些對參禪很外行的研究員就加入惠光老師的團體參禪。在那裡，我感受到橋本惠光老師所具有的某種魅力，但惠光老師如同往常一般地端坐著，身上帶著記錄電極，注視著這樣的我們的內心的變化。

雖說是實驗性的接心，但橋本惠光老師有條不紊地持續修行。其中有老師所做的「提唱」（有關佛典和祖師的著述，以及其他宗義的講義）。有時，惠光老師講解坐禪的正確方法，我想這是為了我們研究員而說的。直至今日，我仍記得非常清楚，其內容如下。

坐法有結跏趺坐和半結跏趺坐，初學者可任擇其一。要點在於，坐時脊梁骨要筆直地朝著地軸的方向。頭的中心從脊梁骨垂直地向上拉的姿勢最好。手輕輕合起來，兩手的大拇指若即若離地輕輕碰在一起。將此放在坐墊的中間。嘴唇可以稍抿。因此舌尖輕輕地抵到上牙齦。這樣一來，嘴巴可自然地慢慢閉上。若如此，則不只姿勢筆直，而且不會動搖，慢慢吐氣是最重要的。如果緩慢地吐氣，那麼，吸氣時氣自然吸入。訣竅是微弱地、安靜地慢慢吐氣，就像將鳥羽置於鼻頭時，它也只能微微地顫動那樣。

眼睛絕對不可以閉上（這點對我們的腦波研究而言是非常重要的）。視線最好置於眼前三尺、約一公尺的地方。

剛開始要深呼吸，為了使姿勢正確，要確定坐墊的位置。

因此，將身體左右移動看看，自然而坐時，位置就正確。不可以睡著。雜念生起也無妨，但是，要讓它過去。不可以追逐它、執著它。而不使這樣的坐有任何鬆散就是坐禪的極致。即坐禪的時候就專心打坐，其他什麼也不必想就對了。

　　心相表現於坐相（坐禪的姿勢）上。調整、自己定好坐相時，心自然就安定了。我們可以把這些與以下瑩山禪師所說的話對照看看。瑩山禪師說：

　　大抵坐禪時，宜搭袈裟，莫略。蒲團非全支跌坐，自跏趺半而後至脊骨下，是佛祖之坐法。或結跏趺坐，或半結跏趺坐，結跏法者，先以右足置於左髀上，以左足置於右髀上，而寬繫衣物，可令齊整。次以右手安左足上，以左手安右手上，兩手大指相拄近身，拄指對頭當對臍安，正身端坐，不得左側右傾，前躬後仰，耳與肩，鼻與臍，必俱相對，舌拄上，息從鼻通，唇齒相著，眼須正開，不張不微，如是調身已，欠氣安息，所謂開口吐氣一兩息也。次須坐定，搖身七、八度，自麤至細，兀兀端坐也。

　　〔大意〕大部分坐禪時，都應該披袈裟，缺此不可。但並不是一屁股坐到蒲團上（亦名為坐墊），而是要將重心放在盤好的腿的後方一些、脊梁骨的下方，這是佛祖所謂的坐禪方法。盤腿的方法有結跏趺坐和半結跏趺坐二種。其法先將右腳翻過來，放在左大腿上，同樣地，再將左腳放在右大腿

上。身上的衣物要寬鬆，並調整姿勢。接著，再將右手置於左腳上，左手置於右手上，兩手大拇指靠近身體，彷彿相接般，同時，將左手的其他手指放在下面，而與右手相對應的手指重疊。拇指相接觸處最好正對著肚臍。如此，正確地保持坐姿，並將身體前後左右搖動看看，確定是否為正確的位置。不可上仰。左右保持均衡，而且將舌尖置於上齒中心的裡側。以鼻子呼吸。連接上唇齒，眼睛一定要正確地張開，但並非將眼睛張得大大的，也不可瞇著，而是如平常般地張開。

如此調整好身體，即可舒適地呼吸。張開口，試著呼吸一、二次，之後，讓身體保持此姿勢，向左右搖擺七、八次，逐漸將搖擺的幅度縮小。等定下來就可靜靜坐禪。

瑩山與惠光禪師二人所說相同，故不需比較。當然，我們能夠知道瑩山禪師已經確立了坐禪最有效果的方法。而且，在惠光禪師的說明中，出現了更富經驗性、更好做的方法。可是，在現代，外行人坐禪時不披袈裟。因此，最好穿著寬鬆的服裝。

禪師在詳述坐法的要點後，開始觸及坐禪中一些應該注意的事項。這部分徹底地探究「只管打坐」的真意。

如何思量 —— 拘泥的精神病理

惠光老師說心表現在坐相上。現在就來提示證實這點的

所見所聞。

　　沒耐性且急躁的人，他的動作既零碎又迅速。當他心裡非常緊張時，身體甚至會打顫。

　　截至目前屢次介紹的精神病當中，有一共通點：即對病痛的不安和恐懼會對病人的心造成傷害。也就是說，即使不坐禪，他的心也會表現在行動上。有簡單方法能在坐的時候自動記錄身體搖動的範圍。我想，藉此方法調查禪僧、健康人與精神病患三者搖動範圍的結果，可成為坐相（心）的實證。結果如下圖所示。三者中，心動搖得最厲害的為精神病患者，其身體在座位上的擺動幅度大而且劇烈。

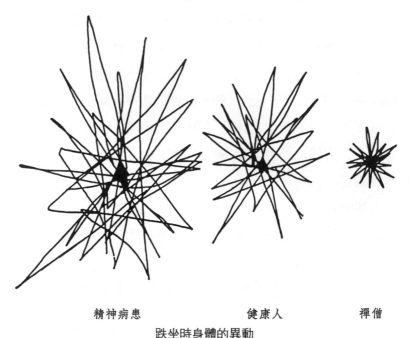

精神病患　　　　　　　　健康人　　　　禪僧

跌坐時身體的異動

　　有一種名為強迫症的精神病。其症狀概略如下：「寄信時，總會過於小心。即使是一封簡單的信件，一旦寫成，就會困擾地想：這信不會傷害對方，或被對方誤解吧？然後就會一再、一再地重寫，最後好不容易才寄出。但剛一寄出，就馬上覺得：啊！不可以那樣，還是之前寫的比較好。此念一出，就會迫不及待地去找之前寫的信，但有些已經丟了。然後心裡就會想去郵筒前等郵差來，向他要回那封信……」這種強迫觀念，成為強迫症的嚴重症狀。病人本人也會說：「腦袋裡老是想些非常愚蠢的事，心情怎麼也好不起來，最後就變得拘泥起來。一拘泥起來，就放心不下而陷於惡性循環中。」簡而言之，帶有恐懼情緒而強迫自我的強烈思考，就是「強迫觀念」。

　　這種軟弱，是循規蹈矩、知識程度高，而且十分謹慎小心的人常有的心理現象，我們不必特別稱此為異常。但是，當一個人的強迫觀念變強，陷入惡性循環，他的日常生活也因此受到妨礙時，他顯然是生病了。我們稱這種病為「強迫症」。

　　有些來就診的學生訴說他的症狀是：「非常健忘……。」若仔細聽聽看，事情原來是這樣子的：「不是忘記，而是老是懷疑記得正確嗎？真的記住了嗎？覺得很含糊，若不確定幾次，就不安心。漸漸地就很害怕要背誦，以致不能好好地學習。」這可說是強迫神經症的例子。

　　儘管頭腦知道「這太無聊了！」但在情緒上依舊無法釋懷，

也有根據這點而主張知性和感性的分離是其原因。或者也有基於通常無法自然行動的心性這點，而認為這是「心力」衰弱。注意到這種陷入惡性循環、反覆地持續做同樣的行為而無法自拔的現象，並視之為感性自我退化的，則是精神分析的創始者佛洛依德。他認為這是在以排便潛意識地滿足性慾的「肛門期」發展的階段退化、停滯的生病現象。

　　筆者認為這種病的原因是知性增強，而實行力卻沒有跟上，心力遭到扭曲之故。總之，我認為，這是心力朝向非現實，無法現實地解釋其中所遭逢的障礙時所發生的現象。易言之，這就是「拘泥的精神病理」。

　　又，如前圖所示，身體擺動代表著恐懼的具體化。但以上述觀之，我想坐法與心之間的關係匪淺吧。

　　以下瑩山禪師所說的話是被為大部分禪書引用、解說的一段名言。雖然筆者對此有一些個人的看法，但容後再述。現在，就先介紹禪師的話吧。

　　於此，思量箇不思量底，如何思量，謂非思量，是乃坐禪要法也。

　　〔大意〕如是能夠衡量出注意力、意識向內心的集中。人在心中總懷著什麼未成形的想法（不思量底）。藉著坐禪能夠覺知（思量）到它。為什麼？因為從某種意義上來說，即使不想覺知，自己也會注意到超越自我意識、潛意識的心（非

思量）。這正是坐禪的要訣。

　　光是這段話，就可能會有各種不同的說明。因為禪師的文章一如已數次指出的那樣，充滿詩的直觀，且具有簡潔的含蓄。例如，在將禪觀的境界說成「無念我想」或「無我」的說法中，可以說幾乎都採用這段文章。或者，也有一說以非思量為覺悟──禪觀的目標──的基礎。這些主張的代表，首推鈴木大拙老師的著作吧。因為，老師將知性與感性不對立的絕對自我說為禪悟。這部分那麼難懂，即使從形式上思考也不妨，不是嗎？因為我認為，若就《坐禪用心記》的行文脈絡來看，則如禪師所指出的那樣，在坐禪中產生的最大困難，就是「箇不思量底」。由橋本惠光老師所說可推定，「雖然雜念生起，不要追逐它，把它沖走就行了」這種心境就是非思量。

　　我們精神科醫生從一開始治療時，就諄諄告誡有強迫觀念的患者，要趕快甩開強迫觀念，或令他放棄不要想、不要想的努力。因為這種努力會使心力扭曲，反而強化強迫觀念。患者說：「越想要甩開，越無法集中注意力。」若不想甩開的話，注意力自然會集中在其他事物上，這時，強迫觀念應會被遺忘──我們給了他們這種意思的建議，因此，即使強迫觀念生起，他們也逐漸地不會復發了。

　　坐禪時必然會生起妨礙坐禪的雜念。我想瑩山禪師在此雖然指出這點，但訓誡：不可甩開它。或許，毋寧說是沒有必要的吧。只要心裡想逃避有這樣的「現實」這點，「思量不

思量底」的惡性循環就會產生——不是這樣經驗過嗎?

　　這段文章闡明，坐禪對心身都是極好的鍛鍊方法。那不僅止於坐禪應留意的事項。在現實中，光是有思量，行動也解決不了問題。但是，覺悟到不思量不可能被思量時，人們如治療強迫症那樣，應具有藉由超越思量的行動，以自身的力量解決心中困擾的力量! 那就是佛陀的力量吧。現在的我們不是正處在對〈謂非思量，是乃坐禪要法也〉這樣的文章可這樣理解的現實中嗎?

思量不思量底 —— 宇宙的潛意識與不思量

　　如已述，宇宙的潛意識此一語詞最早出現於 E. 佛洛姆和鈴木大拙二位博士的著作中。從他們的著作引用此概念的大概如下:

　　愛神就是空掉自己、變成無心、所謂「變成死人」是也。亦即不為意識的制約活動所左右。此人口中說出的「早安」一語，已擺脫了人的一切虛偽。而且，當別人對我們說「早安」時，我們也向他說「早安」。肚子餓了就吃飯。所見之處與一般人都沒什麼不同。他是從不具有近代人複雜觀念、從自然突然蹦出來的人。然而，他生命的內在是何等豐富玄妙啊! 因為那直接觸及了貫通宇宙的潛意識。(鈴木大拙、E. 佛洛姆共著，小堀他譯，《禪

與精神分析》，創元社，昭和三十五年）

　　坦白說，我不了解其中的意義。即使探求其前後文脈，
我對於「宇宙潛意識」的內容也難以心領神會。「從自然蹦出
來的人」、「因此其生命內在是豐富玄妙的」此一脈絡，大概
超越能了解的範圍。雖然不該說笑，但只能假定他們是如
UFO（幽浮）的外星人。因為我們也不能否定外星人的存在，
所以也可以姑且認為是那樣，但總覺得似乎不然。鈴木大拙
博士等說明那是從被制約的意識獲得自由，亦即從「迄今所
苦的各種緊張中解放出來……」。從而，鈴木大拙博士的說明
非常不清楚，不像平常的他。這從以下的文章中可以看出：
「不但自己的心完全穩靜、安樂，連自己生存的世界也完全
安樂。我希望稱此為宇宙的潛意識，但那是怎樣的呢？」

　　「怎麼樣？」這句禪者的話，會使人想去反問它才「是怎
樣？」但這點暫且不論。只能說，他到最後還是不能掌握宇宙
無意識的心識狀態，只能夠以這樣的形式留下那可認為是他
自我分辯的文章，這只能說是很遺憾的事。其中終究不具引
起現代人共鳴的說服力。我認為鈴木大拙博士晚年或許受到
新精神分析學派的佛洛姆的影響，而無奈地把開悟用奇怪的
方式加以表現，或既非文學、哲學，亦非宗教性的概念。只
需閱讀他之前的大量著作，即可知道他這種表現帶有迎合精
神分析派所說「潛意識」的濃厚色彩，他毫不猶豫地就將他
以前的看法轉向精神分析這種科學。總之，他受到假科學所

毒害，誠令人痛惜！

　　不過，鈴木大拙博士懼怕這種批判吧。鈴木大拙先生說：
「我」所說的不是科學的，而是「前科學性」、「後科學性」
的，但這種話應是行不通的。這不是因他「說得過頭了」（據
他晚年所說），而放棄本來對禪觀作科學性探究的努力所導致
的結果嗎？我們可以認為「宇宙潛意識」不過是由於這種放
棄努力的結果，忘記禪觀的實踐的知性產物。

　　為何要特別批評已故的鈴木大拙博士和佛洛姆所說的
「宇宙潛意識」呢？因為我想說，在禪觀中，幾乎全然沒有
「潛意識」這個精神分析的概念，那才是我在這裡想說的本
意。

　　秋重義治教授可以說第一位修禪的心理學者吧。秋重教
授在心理學的體系中，努力組合禪觀的過程。但我覺得他的
說明也有我不能充分理解之處。這點和瑩山禪師《坐禪用心
記》中的文章有關。那段文章已見於前一章，雖稍嫌重複些，
但仍引用於下。

　　於此，思量箇不思量底，如何思量，謂非思量，是乃坐
禪要法也。

　　此段文句也出自道元禪師的《普勸坐禪儀》，因此，我們
有必要知道瑩山禪師是如何理解這句話的。

　　秋重教授詳細地分析道元禪師的文脈，他說以人類心理

而言，可將這部分列入「腦神經系列或知性活動系列」。我方才所說的「不能充分認同之處」，就是指教授的這個看法，因為從其中可看出他非常拘泥於分析性的，而且是要素心理學的「思考」的痕跡。所謂「思量」，如果就是思慮裁奪的話，那麼，它當然應併入之前的「知性─思考」的系列。雖然如此，我不認為可將這段文章列屬於「知性活動系列」。如果犯了與此相同的錯誤，最終只有歸結於鈴木大拙、佛洛姆二位博士的主張。

其次，我要一邊說明其理由，一邊思考這些話在瑩山禪師的文章脈絡中的意義。在此之前，我們除了介紹《普勸坐禪儀》中這句話之外，還得介紹瑩山禪師《坐禪用心記》附有的更詳細的說明。

直須破斷煩惱，親證菩提，若欲起定，先兩手仰安兩膝上，搖身七、八度，自細至麤，開口吐氣，伸兩手捺地，輕輕起坐，徐徐步行，須順轉順行。

〔大意〕為此，最好不為煩惱所困，而相信佛語。若在坐禪中覺得疲倦而想站起來，則最好先輕舉兩手，身體左右晃動七、八次，一面逐漸地放大搖擺的幅度，一面開口吐氣，伸出手，慢慢解除趺坐姿勢，然後起身漫步。並要不斷以順時鐘方向持續步行。

在此可知，坐禪時腦中會產生各式各樣的煩惱。易言之，

在內心試著集中注意力時，反而生出許多雜念來干擾。實際上，這是禪觀最困難之處，因為它就是人的煩惱。

我認為禪師所說的「不思量」是在傳達人類這種心理：思考、反省，然後因為那是「不可以的事」而想去除它。人的心裡有許多即使考慮周到，也沒有效用的事。不思量不正是這樣嗎？它是即使考慮周到也不會有結果的念頭。因此，不能說它只屬於知性活動的領域。這不是表示出，非常苦惱，雖然明知它的真相如何，可是感性上仍不得不拘執於它的心境嗎？

例如，有些人具有以專門術語稱為「強迫性格」的心的特性。這些人認為不論何時何地都不可犯錯，他們是「心的防衛」很強的人。再三地檢查門戶、瓦斯是否忘了關上，寄信時懷疑郵票是否貼了，坐著也不是，站著也不是。有些考生會說：「我是否記住了？若沒有確定自己記住了，就不能繼續讀下去，因此，在讀書時，無法集中注意力。」

謹慎細膩且周到的個性雖好，但若超過限度，日常生活就變得困難重重。而且，一旦覺知到這點，就會開始想辦法努力去除這種愚蠢的觀念。然而，愈是如此，這觀念就變得愈強烈，最後終於成為強迫觀念的俘虜。

所謂「雜念恐怖」，也是強迫性格的人所共有的特徵。「一旦想要做什麼」時，他就覺得不可以有除此之外的雜念。一這樣想的時候，他就會格外地體驗到雜念的強勁有力，雜念實際地在心中強迫、搖動那個「想要做什麼」的自己。

　　嚴重的話，他們就會來要求我們診察。稱為「強迫症」的心理疾病即是指此，但這種病很不容易治療。病因較明確的案例（例如：因為對性的強烈壓抑，而陷入不潔恐怖的例子）姑且不論，對於那些被認為病因在於性格的人，治療更是困難重重、窒礙難行。理論上也很難說服他們。因為患者本人都已經覺得「理智上知道那是無聊的事，但還是一籌莫展」。

　　若公開此治療法的祕訣，那就是要讓患者徹底面對自己覺得「無聊的」強迫觀念。例如，我對恐懼雜念的人這樣說：「是的，在因雜念而困擾時，不擺脫它也可以啊。雜念原本就是出自你心中的，因此，不要把它看作是異物，就老老實實地承認它吧。」又，對恐懼不潔的人，我回答說：「人一定要洗手。而且一天要洗好幾回。可是洗了又洗，你還是會懷疑你那隻說是不乾淨的手，是否真的變乾淨吧。」不可思議的是，這樣交談重複數十次之後，他們終於能從強迫觀念中解放出來了。

　　治癒後，他們都異口同聲地說：「醫生，我知道自己不可以想要掌控那些無法掌控的事。在我因為聽了醫生的話，而發覺到有些事情即使做了好幾次也無法成功時，我就會區別何者是能掌控的，而何者是不能掌控的。而且，我能夠重新明白，只要掌控自己可以『掌控』的事即可」，他們大概這樣道出他們的感受。這些話表現出他們知道心的容忍度——即「限度」。而且，他們同樣說出了一件令人歡喜的事情，就是

他們的感情穩定下來了。之後，我只要說「太好啦，你注意
到那件事了……，沒有人是十全十美的」就行了。總之，注
意到自己的傲慢，希求十全十美的無意義，而返回到謙虛的
自己時，強迫觀念就消失了。那不外是在感情層次上去掌控
自己能掌控的事就好了。

　　從這樣的心的事實來思考的話，以瑩山禪師為首的祖師
們所說的「思量不思量底，如何思量，謂非思量」的意義不
是變清晰起來了嗎？強迫觀念是不思量底的東西，我們可以
稱之為「掌控外的念頭」。讓患者直接面對此念頭的是「如何
思量」。結果，想到「非思量」時，人們不就是開始察覺了在
掌控內的掌控的謙虛嗎？

在腦波上所看見到的坐禪時的意識轉換

　　直須破斷煩惱，親證菩提，若欲起定，先兩手仰安兩膝
上，搖身七、八度，自細至麤，開口吐氣，伸兩手捺地，輕
輕起坐，徐徐步行，須順轉順行。

　　從理智上來思考意識轉換的話，有時也會陷入怎樣也無
法理解的觀念主義中。鈴木大拙博士和秋重教授二人，都在
這點上，沒有掌握到語句的真切含意，更遑論辯證法了。即
使強調其中有「坐禪的要法」，它也沒有在知性的認識世界流
傳起來。它是無論用多少詞語來說明也說不清楚的。能夠明

瞭在人的心中有無法控制的領域，乃是實踐中被留下的唯一
拯救途徑。

精神醫學稱此為「意識轉換」。易言之，人被束縛，而且
為了從拘泥的意識中解放出來，一定要藉著其他的事情來轉
換執著、被束縛的意識，否則無望。亦即，將端正、重新明
白之心視為「在掌控內的掌控」，而收入心中。

湯川秀博士曾在某處提到，他對一件事再三思考後都無
法解決時，就會開始試著去做其他的事情，稍後，腦中便會
不知不覺地浮現出解決的頭緒。而這些也可視為指出同樣的
心理機制的話語。據說牛頓看到蘋果掉下來，而發現萬有引
力的法則，此事雖為軼聞，但是如果思考這點，即人具有在
心情輕鬆的狀態下，也能發現某種真實的心這點，那麼，這
則逸聞也就不只是軼聞了。

而且，在坐禪的冥想中，含有意識轉換的要術。它如前
揭瑩山禪師早先之語所表現的那樣。

若為強迫觀念所困，宜捨棄解決此事的無謂努力，而改
將意識轉換到搖動身體上。禪師此言，可以理解為：坐禪雖
有特定的作法，但無法親證菩提（即固執於菩提，想要證悟）
時，應停止修定，轉而動動身體比較好。我敢說，我在此發
覺到將坐禪觀定位為實踐而不是觀念性的瑩山禪師的叡智。

那麼，我們將從腦波檢查的研究結果，來試著說明坐禪
中的意識轉換是以什麼形式進行的。在此之前，我們應該先
介紹所記錄的坐禪中的僧侶們的實際腦波，與常人的腦波有

何不同。在此，我想請你們暫且離開「定」一會兒，來看看
腦波所示的結果。

在圖一和圖二中，顯示出兩者的比較。圖一顯示的是坐
禪老師父的腦波，而圖二是全然沒有坐禪經驗的醫學生，在
同一地點、同一時間盤腿打坐所呈現出來的腦波的記錄。圖
一和圖二的 P 和 O，是指從頭頂 (P) 和後腦勺 (O) 所發出的
腦波。圖一的橫線顯示從此進入禪定之後。圖二的橫線也是
同時記錄的。圖一和圖二右邊的數字表示時間。

在圖二醫學生的腦波中，有種叫做 β 的波連續著，此波
為快速而零碎的波，名為興奮波型或雜念波型。但是，圖一
的坐禪老手的腦波一看即知，一入定後波型就完全不同。有
規律的 α 波整齊、連續地出現（特別是 P 的部分）。圖右半部
的橫槓下方，是停止修定後的腦波，但在此也有 α 波，甚至
可以見到禪定的餘韻。我不能不說，這個差異是巨大且顯著
的，因為一般人平時沒有的波型，在坐禪觀中會連續地出現。

這現象意味著一個科學實證：意識的轉換以異於平常的
意識狀態的形式，在坐禪中生起。其詳細情形擬於下一章中
敘述。

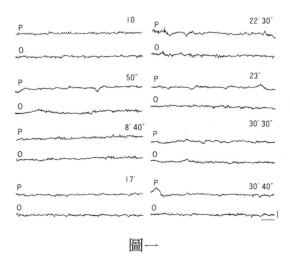

圖一

由左半連接右半，禪定中的狀態以橫線標示，各線右上方的數字表示經過
的時間。

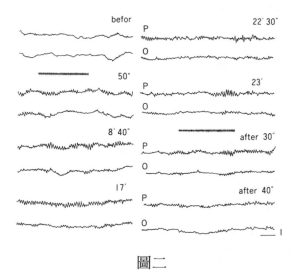

圖二

無坐禪經驗的學生，在相同場所坐禪時的腦波，這種情形下與圖一禪定的
腦波不同，只有持續的 β 波。

道元禪師與瑩山禪師的相異處

　　道元禪師是日本禪宗的開山祖師，但著有《正法眼藏》的道元禪師的確是「非思量」的人吧。然而，《正法眼藏》中的「現成公案」卻頗有難度，可以說這是相當偏於宗派的佛教的著作，但若質問它是否擔任像基督教的《聖經》那樣的任務，則答案是未必那樣。

　　道元禪師這本書至今仍未有現代譯的標準本，是因為難以讀懂呢？還是就像以希伯來文書寫的《聖經》需歷經漫長的時間才有英語譯本呢？其原因至今仍不能確定。

　　曹洞禪和臨濟禪雖不敢說是對立的，但兩者間的區別在現代來說非常顯著。依我個人之見，我認為道元禪師的思潮也滲透到現今的臨濟宗中。再者，時代較道元禪師稍晚一點的瑩山禪師，其所著的《坐禪用心記》似乎也成了曹洞宗修行的精髓。

　　如前所述，對禪作哲學的、人類學的解釋的，大都以臨濟禪的說法為根據。換言之，在說明禪思想時，與道元禪師之教法系譜有關聯的臨濟禪的思想，被極力地表現出來。如已述，當然以鈴木大拙博士為其代表。我們不能否定，其中有認為「禪是一種思想」的偏見吧。亦即，在那樣的想法中，被忽略的是禪觀及其實踐。或許不能說是「忽略」，毋寧說是把目標觀念化，以致過程被忽略好些。禪思想確實已在日本

生根了，但禪佛教卻與此成反比地喪失其宗教性。當然，這是忘卻實踐的緣故。

在此，我們有理由不能不對道元禪師和瑩山禪師這兩位優秀的禪僧作比較。我想將它當作筆者的個人意見，試述如下。話雖如此，但我畢竟是門外漢，尚未完全讀懂《正法眼藏》，因此，我的見解未必中肯。不過，在《正法眼藏》這部道元禪師的主要著作中，「現成公案」是比較容易理解的。以下試以此為基礎展開論旨。

「現成公案」全部由十四段構成，可以說其中所記都是禪觀的注意事項。在介紹其最重要的部分時，一般都是從以下的名言——「學佛道即學自己」——開始。道元禪師接著說：「學己者，忘我也。忘我者，證萬法也；證萬法者，令彼我身心脫落也。」（同書第八段，現代日文的唸法是筆者所加注的）

與那些協助我研究的禪師們談話，儘管是聽來的學問，既是我了解禪的好機會，也是快樂的時光。在那種時候，大部分的禪師都跟我說「脫落身心、身心脫落才是坐禪的要點」。當時我不大明白這句話的意義，但我想那或許是想要超越身心二元論的信仰的表現。

道元禪師逝世於一二五三年，而瑩山禪師（也被稱為常濟大師）生於一二六八年，因此，很難認為二人之間有私人的交往，但可以十分確定的是，瑩山禪師曾在禪佛教興盛時讀過《正法眼藏》。而且，可以假想：隨著禪佛教的信眾愈來

愈多，瑩山禪師也處在必須用更容易理解的文章，將道元禪師的著作，加以介紹的情境中。

在此，我們可以看出道元禪師和瑩山禪師兩位祖師的差異所象徵的禪佛教的進展。總之，如從「祖述」朝向「實踐」，然後啟蒙更能廣泛地滲透那樣，禪佛教在人們心中生根的具體化。我想，瑩山禪師會覺得有必要的。

這可以說是他們二人的心無異的理由，但就禪觀而言，瑩山禪師可以說做了較具體也較具實踐性的解說。這點可從他將「身心脫落」換成「只管打坐」的表現中看出。

有關「只管打坐」的意義已經陳述過了，在此不再重複。我只想強調，在「身心脫落」或「只管打坐」這樣的基礎上，我曾對嘗試變化意識，或轉換意識的辦法下過一番功夫。

坐禪和意識的變化

如前所述，在進行腦波的研究時，發現進入禪觀的人和平常的人，他們的腦波有相當大的差異。這可說是外觀上二者都顯得輕鬆但其內容卻有區別的科學實證。

「放輕鬆」，即 "relaxation" 一詞，其字源是拉丁語的 re-laxatio，本意指義務、工作、遊戲等人類活動的暫時停止。到這一世紀則轉用為緩和緊張，以及從苦惱中解放等意。因此，可將 relaxation 視為壓力 (stress) 的暫時迴避。禪觀時的腦波與 relaxation 有所不同，可以說是當然的事。

　　禪觀以只管持續打坐為要點，因此它不是中途休息，而毋寧是一種緊張的狀態。儘管如此，腦波怎麼會呈現出 α 型這種趨向安靜方向的波型呢？

　　在此，我找出了禪觀所達成的意識轉換發生的理由。亦即，腦波是時時刻刻敏銳地描繪出意識狀態的變化，但既然其中有一連串未見於一般狀態下的腦波變化被造成，便不得不認為這是意識轉換產生的根據。在最近的精神醫學中，將這種意識的轉換稱為「意識的變化」(the altered state of consciousness)，有關它的研究也正方興未艾，也有若干有益身心健康的鍛鍊法正被發現。可以說，為了被吞沒於現代激烈變動的潮流中的人們，已經超越輕鬆 (relaxation)，消遣 (recreation)，以及休閑 (leisure)，而以意識的變化這個事實為基礎，重新對健康鍛鍊開始加以思考。

　　在此，須先聲明的一點是，即使說意識的變化，它的狀態也絕非不健全或異常；這點就禪觀而言更為清楚。如在有關禪病那一章已經指出的那樣，正確地坐禪是不會引發精神錯亂的。亦即，禪病最嚴重的心理現象是幻覺和妄想，但「意識的變化」所使用的，毋寧是一種以它為基礎避免幻覺和妄想發生的方法。又，隨著禪定的進展，腦波的變化也會逐漸呈現出日常生活中看不到的波型。然而，腦波變化的最終階段（此容後再述）和產生病態的幻覺與妄想的意識狀態的波型完全不同。

　　這件事只要想一想就會覺得是理所當然的，修禪僧、老

師父與禪師都沒有說，坐禪修行是一種企圖改變原本意識的
鍛鍊法。瑩山禪師說「誚非思量，此即坐禪要法」，便是指出
禪觀的本質。而接在此段文字之後，瑩山禪師繼續說:「直須
破斷煩惱，親證菩提」。當達到這種狀態時，日常生活中看不
到的腦波變化就會變得明顯起來。

　　禪定的心理學是「默照體驗」，這一點在前面已經說過了。
然而，那在更深處的腦科學，實際上是意識的變化，因此，
可以認為坐禪已經歸納地涵蓋了「意識的變化」這種演繹的
科學的事實。又，這也是它自然而然作為身心的鍛鍊法而擁
有優越特性的理由。而且，我認為最重要的一點是，禪觀的
科學作為意識變化的本質，已掌握在坐禪中所產生的意識狀
態的基點。

　　現今，演繹地研究意識的變化，是世界各國的心理學者、
精神科醫師的方法。他們注意到禪，是因為成為它的基點的
科學實證（腦波、呼吸等心身的變化）已很明確。但據說，
儘管他們很想了解禪觀本身，實際上卻始終不能明瞭。我每
次都向他們說明，歸納的、經驗的、並已完成的心身鍛鍊法，
與他們的演繹方法在出發點上是不同的。我認為這種情形對
現今的禪佛教而言，可說是一個重要的課題，但關於這點，
打算以後再總括述說。

起坐經行 —— 禪觀與睡眠

坐禪中，常會受想睡的感覺侵擾。通常，人對工作感到厭煩，也會想睡覺。但是，在內心集中注意想進入禪觀時，會輕輕地假寐起來。

容許我將話題稍微偏離一下。其實微微的假寐最能敏銳地顯示在腦波的記錄上。我們常在接心中的僧侶的記錄上，經驗到睡眠的腦波。那時，即使在短短數秒間的「睡意」中，腦波也會變成睡眠第一階段的波型，波型變得不規則，振幅減少。和坐禪時不同的、小而不規則的 θ 波便出現了。而睡得更熟時就會變成快速的紡錘型波與類似駝峰的波型，前者以專門術語稱為「紡錘波」，後者則稱為「瘤波」。這是屬於睡眠第二階段的波型。睡得更沉時，就會變成「紡錘波」和每秒三赫茲的 delta 波，這是睡眠第三階段出現的波型。經過這第三階段後，再進入更深沉的睡眠，亦即睡眠第四階段時，就會只出現每秒二到三赫茲的 delta 波。從這些睡眠波型不但能測定是否有「睡意」，甚至也可測出它的深淺。輕微的睡眠、中度的睡眠到深沉的睡眠，歷歷呈現在腦波的變化上，因此不同程度的忠實地顯示出腦和意識的活動。

令人驚訝的是，這樣的睡眠腦波在接心中，常從年輕僧侶的禪觀中被記錄下來。可是，必須補充一點，即這種睡眠腦波並沒有持續很久，更幾乎沒有人陷入深沉的睡眠之中。

在那個時候，一面記錄一面觀察腦波，發現警策一打到肩上，睡眠波型瞬間轉回到 α 波。而且從睡眠中醒來時的 α 波與禪觀中的 α 波並不相同，卻和一般人突然被搖醒時的 α 波有相同的週波數（每秒十至十二赫茲）。總之，這也是顯示「睡意」妨礙禪觀的證據吧？

但，對於連續顯示出與禪定最深的狀態對應的律動型 θ 波的人，警策是不必要的，但此時若受到聲音的刺激，則此 θ 波便會暫時消失，不過，二至三秒後又變回 θ 波。在這二、三秒間可看到一般人張開眼睛時的 β 波，但不見突然醒過來的那樣的瞬間 α 波。這點道出，禪定時的腦波和睡眠時的腦波是不同的，它們仍舊處在坐禪和睡眠的關係中，而睡眠是妨礙坐禪的原因。附帶一提，這兩種腦波圖並列於 171 頁，敬請參照。

在此有必要思考一下瑩山禪師在《坐禪用心記》中的這一段記述。這一段文字簡潔如前，但卻相當詳細。

坐中若昏睡來，常應搖身或張目，又安心於頂上髮際眉間。猶未醒時，引手應拭目或摩身。猶未醒時，起座（譯者按：作者改為「坐」）輕行（譯者按：作者改為「經行」）。正要順行。順行若及，一百步許，昏睡必醒。

〔大意〕坐禪中，睡意來時，應搖動身體或張大眼睛。又，也可將注意力放在頭頂或前額。即使如此也還不能使睡

意退去時，可如上述，從座位站起來步行（經行）。向右繞行大約百步之後，睡意便會完全消失。

在這段文字之後還說到若干有關「昏睡」的注意事項，但這些留待下一章才處理。此處直觀瑩山禪師所說的禪觀的過程，因此我想對此試加考察。有二個要點：一是禪觀是持續的累積；另一是，禪觀和意識狀態有很深的關係，因此對它轉化為睡眠（這是意識水準低下的狀態），導致意識被斷絕，必須極力避免。

因此，這段以「昏睡必醒」作結尾的《坐禪用心記》的話語，我認為可以解作，不只在說明不陷於睡眠的注意事項與方法，而且也在記述這個注意事項，即：意識於坐禪中發生時，禪觀就只是一種形式而已。再者，瑩山禪師說，這種工夫並不是藉由「不要睡著」的理性操作而達成的，而是如「張開眼睛」、「揉眼睛」、「摩身」、「起坐經行」等的語句所表示的那樣，藉著身體方面的鍛鍊才可能成就的。

我們常常聽說坐禪是奮起身心而實踐這樣的話，但這不是意味身心二元論的揚棄吧。藉由讀《坐禪用心記》中的這一段文字，可以了解到，坐禪身心鍛鍊的要諦是：冥想時，意識不中斷，一直接續著，即身體能同時和心一起活動。此處即是在彰顯「身心一如」的直截且具體的意義。

寫到這裡，我的文思有了些倦意。我立刻從椅子上站起來，在書房中「順行」。雖然我沒有走到「一百步許」，但我的已顯出倦意的文思確實再度活躍起來。

我好不容易猜測到這是禪觀所具有之「注意力集中」、「持久力養成」的意識體驗中的效用所在。總之，我了解到，搖動身體本身會帶來意識的轉換，而且那使原來的意識體驗持續的意識變化的狀態也會因它而得以繼續。「日常坐臥皆坐禪」、「身心一如」、「鼓身心一舉而行是坐禪」這些詞語，若只是就字面上的意義來解釋，則必定陷入被抽象化的知性掛慮中，對禪觀而言，這和「昏睡」相同，是必須避免的。在此，我想必須更仔細地聆聽禪師所說「起坐經行」這句話。

精神病與情結

瑩山禪師在《坐禪用心記》中述說昏睡之害，雖如已述，但其中不只有那樣的有含蓄的言辭。它與思索以下「業習已厚……」的意義有關聯。

而經行法者，一息恆半步。行亦如不行，寂靜而不動，如是經行，猶未醒時，或灑目冷頂，或誦菩薩戒序，種種方便，勿令睡眠。當觀生死事大，無常迅速，道眼未明，昏睡何為？昏睡頻來，應發願云：業習已厚，故今被睡眠蓋，昏蒙何時醒？願佛祖垂大悲，找我昏重苦。

治療精神病患者，注意到他們有一些共通點，諸如：無法說出的怨恨、我執、仰仗他人的疼愛而行為踰矩。這些共

通點惡性循環地糾纏在一起，成為錯綜複雜的情結，在內心深處盤成一團，一動也不動。雖以專門術語稱此為「情結」，但也可以說是患者自身沒有覺知到的心之病根。總之，它是精神病症狀的原因。

因為患者沒有覺知到這點，他們就為種種呈現在表面上的症狀所苦惱，並被對象不明確的不安所打倒。繼而，他們看不見日常生活中的現實，失去意欲，逐漸傾向逃避一途。不久就會陷入不再正視現實的心理中。如此，逐漸地被描述為「昏蒙何時醒」那樣的「症狀」就在他們的身上繼續下去。

如果將坐禪比喻為日常生活，那麼精神症狀有如坐禪中的昏睡，它會令人看不見珍貴的人生意義。

只要是人類，不論是誰，即使沒有罹患精神病，心中多少也都抱有情結。只是情結不會變得很病態罷了，那是因為比情結更強烈的自我會尋求與現實調和，以防情節的增大與擴張。因此，人生彷彿是一場情結與現實自我之間的搏鬥。

請原諒我稍微離題一會兒。每個人的出身殊異，家庭環境也不同，才能也相差許多。有些人脾氣急躁，有些人個性閒散。又，人有敏感的一面，也有遲鈍之處，這點只要長期和人交往就能知曉。有些人的情緒起伏很大，有些人的情緒平穩，有些人感情激烈等等，人的性格有各式各樣，不勝枚舉。

儘管如此，人都會有程度不等的「情結」，這又是為什麼呢？以前的精神醫學對這點沒有充分解說。第一次使用「情

結」這個詞語的是瑞士的精神分析學家榮格 (1906)。

　　依據榮格的說明，他認為痛苦的感情和罪惡感、嫌惡感和恐怖感等等都是情結的核心，他說因為這些感覺都是不愉快的，所以就被心的防衛力量所壓抑。但是，當在日常生活中發生類似的體驗時，被壓抑的核心情結就會爆發，並被當成類似的痛苦感情體驗而吸收且更加擴大。故在此指出：情結是從個人的感情生活裡產生的。

　　榮格一方面藉著超越個人心理的普遍動機，指出「情結」產生的現象，但，我們可以認為個人所屬的社會、民族、國家等，已經將情結植入人心。唯有從這個觀點，才可以說明人們共有的情結的理由。例如，藉由種族歧視、階級歧視，就可以提示人們所採取的態度的差異。

　　至於榮格所說的，必須壓抑的痛苦感情為何產生，為何被壓抑，以及如何才能解決等問題，則由佛洛依德依據情節的內容加以說明。他試圖利用催眠、對夢的分析，以及「自由聯想法」來闡明痛苦感情發生的心理過程。結果產生他的精神分析學說。

　　佛洛依德重視始自幼兒期的生活史，他把在各個精神發展階段無意識地遭受到的心理傷害（心的外傷）認為是情結。其著名的「戀母情結」便是一例。

　　而且，無論榮格或佛洛依德，他們二人都提出以病態的心──人一面抱著情結一面過日子，在日常現實中，對它原封不動地表現在態度、行動上，不能不加以壓抑──為基準

的宿命論、因果律的精神病理學說。

　　現在再回到主題。我們可以認為，瑩山禪師所說「業習已厚」中的「業習」相當於情結。但是，瑩山禪師不就宿命論、因果律的觀點，而把業習當作終生左右人心的「不健全的東西」。我想，瑩山禪師是藉著說：「願佛祖垂大悲，拔我昏重苦」，來描述禪觀以解脫情結為目的的心境的。

心若散亂時 —— 解開情結與證悟

　　到達證悟一途既遠且險峻。但是，我想，解開情節 —— 禪觀目的所在 —— 未必意味證悟。

　　西歐的禪研究者和日本的禪心理學家，雖然坐禪，並且研究坐禪的心理狀態，但最後依然不能體會其本質，這不是因為他們過於相信解脫情結等於證悟這個前提嗎？

　　瑩山禪師在《坐禪用心記》中，沒有任何一句話提及含有此意的事。總之只要藉著宿命論的因果律來理解心，就可能有這樣的危險，即：將已以科學實證為依據而敘述的禪觀所具有的意識轉換誤解為解開情結的源頭。但是，科學的實證確實有因果所支配的普遍妥當性。我擔心，由於我迄今所做的記述，這個「誤解」會更大，這是我杞人憂天嗎？

　　但是，禪觀也確實有那力量，有關這點，我想，在相當於《坐禪用心記》末章的部分，可以大膽地述說我作為精神科醫師的看法。

以下揭錄瑩山禪師的一段話，這段成為我這個看法的據
點。

　　心若散亂時，安心於鼻端、丹田，數出入息，猶未休時，
須一則公案提撕舉覺，謂是何物、恁麼來？狗子無佛性？雲
門須彌山、趙州柏樹子等沒滋味談，是其所應也。

〔大意〕注意力散亂的時候，可以將心置於鼻端或是下
腹（丹田）處，慢慢數習。這樣做也還不能使注意力集中時，
就在心中解答如下的公案（不合理的思考）。則想想，例如：
以一再思考「何故、為何此物生起？」、「狗是否有佛性？」、「須
彌山，趙州的小柏樹，為佛法之門？」等等祖師所提出來而傳
到後世的不合理的公案，來對付昏睡。
　　瑩山禪師認為坐禪中發生的睡眠，不只對禪觀有妨害，
而且也是人自己的業習的結果。他進一步詳述的這個筆法帶
有更深長的意味。
　　然而，至此都簡潔地而且涵括歷史現實和自我體驗來述
說「用心」的瑩山禪師，他這段話稍有難理解的樣子。因此，
為了令人更能理解我的看法，而同意它是遵照禪師的訓諭的，
關於這部分，我想先援用某位老師的說明。
　　那位老師的說明，可說是《坐禪用心記》的提倡錄，它
的內容大致如下——「在此當心渙散困頓時，如何是好呢？
說把心放在鼻頭或丹田。然後數呼吸的次數，如此，心就會

安靜下來。此稱為數息觀，在佛教中，它是觀法之一，自古以來就被採行。從一數到十，反覆地數著。即使如此，心仍靜不下來時，就應該提撕舉覺（在心裡思考）一則公案。總之，要對公案下工夫。」其他宗派的坐禪（主要指臨濟宗）傾向於以參透公案為目的，以坐禪為手段，但現在所說的坐禪是截然不同的。寧可勸人把公案工夫當作使心安靜下來的一種方法來使用。

我想，藉著同一位老師的文章來說明：瑩山禪師舉為公案工夫的方法的一些例子。「『恁麼來是何物？』這是六祖大師問南岳禪師的話。有一次，南岳參訪六祖。六祖說：『什麼物恁麼來。』於是，南岳在八年間參究此話頭，而悟到『說似一物即不中』（雖然想用言語說明，但是無法描述真意。正就本分之事作說明時，則將偏離主題）。其次的狗子無佛性公案為修禪人所熟知。僧侶問趙州禪師：『狗子有佛性或無？』於是趙州答說『無』，……（中間省略）……。其次是雲門須彌山公案。在此公案中，僧侶問雲門：『不起一念，有過或無？』雲門說：『須彌山』，就是這個。趙州的柏樹子公案，即僧侶問趙州『祖師西來意為何？』趙州回答：『庭前的柏樹子』」（安藤文英著《坐禪用心記講義》，括弧內是我寫的）。

即使聽了許多說明，我還是和外行人一樣無法理解公案。確實如禪師所言，正在坐禪時，會產生昏沉，同樣的，也會產生散亂（難以集中注意力）。

但是，瑩山禪師提出公案工夫作為對治散亂的方法。而

且將此方法說為「沒滋味之談」，但沒有更進一步說明這個方法有效用的理由。有關《坐禪用心記》中的這部分，我作為一位精神科醫師所能指出的是：這是因為公案工夫不同於其他的冥想修行，在禪觀的過程中，很難對沒有對象的「內心」集中注意力。

將禪觀稱為沉潛 (Versenkung) 的，是精神病理學的創始者 K. 雅斯培所提倡。總而言之，此沉潛一語可以說指出禪觀的本質是在於將注意力集中於心中一點的訓練長期被持續。

心理學的實驗中有所謂「心的飽和度」。藉著這個實驗，我們知道一個人能集中注意力的時間，平均為一小時到一個半小時。因此，如果雅斯培所說的內心沉潛長時間被持續是禪觀的話，當然早晚會出現心飽和的限度。瑩山禪師或許將此視為散亂吧。我想瑩山禪師作為深具洞見的實踐家，他的見識是很超群傑出的。

情結強烈的人、嚴重的精神病患者，心飽和度的界限特別低。總而言之，他們「沒常性」。因為將沒常性納入自己的情結中，所以事態益形嚴重。

即將治癒的精神病患者常常說：「太閒不好，還是忙，工作（功課）比較好。一到假日時，我的情結又會升起，使我感到困擾。」

對此，我們精神科醫生這樣回答：「這樣的時候，無論做什麼都可以，甚至倒立也可以，所以就試著做一些與工作全然無關的事情吧。」精神病患者聽到醫生這麼說，剎那間露出

驚訝的表情，但立即領悟醫生的意思。醫生所說的這一番話，使得他們的現實生活變得較平順些。之後，心飽和的界限逐漸提高，終於從情結中解脫出來。

　　若將「業習」類比為情結，則坐禪的完成也可喻為在現實生活中的注意力集中行動的持續。這樣的比喻適當與否，有識者可自行判斷，但我不得不認為，在心散亂時，提起公案工夫的瑩山禪師的意圖才開始變明白起來。

　　而且，公案只有作為內在注意力集中的某個架空對象，才被認為有意義。又，許多人在現實生活中忙著工作（功課）而忘記情結時，他們才真的從情結中解脫。公案並不一定需要。

至禱！至禱！ —— 瑩山禪師的生死觀

　　瑩山禪師的《坐禪用心記》，沒有明顯言及生死問題，這在宗教書中是極少見的。

　　之前，我曾提及「無論是作為禪觀的科學，或是作為宗教的禪觀，若失去佛祖所具有的本來的宗教性，則不過是昏蒙耳」。這樣說的真意是因為我想表達：欠缺「生死觀」將導致對人類存在的冷漠、人們的疏離，若科學或宗教膽敢無視於此，則會招致誤解的，這是我的看法。

　　敘述至此，我才了解到我有將《坐禪用心記》這本書重新自頭至尾熟讀的必要。而且，我也能發現到瑩山禪師在《坐

禪用心記》一書中有關「死和生」的文章。哎呀！那部分就在《坐禪用心記》一書中最後的一段。現在把它揭錄於下：

　　猶未休時，向一息截斷，兩眼永閉端的打坐工夫，或向胞胎未生、不起一念已前，行履工夫，二空忽生，散心必歇。起定之後，不思量而現威儀時，見成即公案。不回互而成修證時，公案即見成。朕兆以前之消息，空劫那畔之因緣，佛佛祖祖靈機樞要，唯此一事也。直須休去，歇去，冷湫湫地去，一念萬年去，寒灰枯木去，古廟香爐去，一條白練去。至禱！至禱！

　　〔大意〕儘管如此，心還是不安定時，可以暫時停止呼吸，閉上眼睛，向內心探問自己出生前的真性為何這個命題或者反省散亂生起之前自己所想的事。若這樣做，則身與心此二觀念（二空）融合，散亂自然消失。若即使從結跏趺坐之定（冥想）回到日常的坐臥，也不令辨別知生起，呈現佛性的威儀於身，則其行動自體成為公案，佛性之悟毫不紛亂地生於心。公案被解決。不對自己生命的過去、自己的誕生左思右想的心境，如此而「開悟」。

　　根據這點來回顧，即使遠在我們與萬物未出生的以前，佛性也都一直貫通於其中。僅藉由坐禪，佛性即能引導人們越過秋冷的濕地，即自古以來就成為槁木死灰的狀況，到達安身立命的心境。古寺的香煙斷了，現在連一縷白煙也沒有

了。自萬劫的往昔以來，萬物來來去去，在他們來去之中，佛性持續不絕。我祈禱：其中有覺悟，它就是平安，而平安也和覺悟相連。

此段文章起頭的部分，以辭別世間的生死觀貫串。或者這是意識到「死」，而坐禪這件事本身也可解作使散亂（散心）完全停止下來的最終方法的表現。而且，「胞胎未生」的公案傳達了對「生」的疑慮，而「空劫那畔的因緣」的公案則傳達了對「死」的心思。

禪師接下來的文章，是以詩體寫出的，很優美。不只如此，就如「去」的語尾所表示的，完全依照英詩五音步的押韻格律。我在此優美的敘述中，感受到人們出生、生活、然後死去的生死觀，將其所具有的苦惱昇華，並巧妙地形成坐禪的本質。

我們經常聽到「行住坐臥即坐禪」、「禪不立文字」、「死生一如」等，但老實說我對這些話有不能同意的「因緣」。我認為此文章的後半就是在表明：「信仰」生於現實和禪師對現實的心態，在靜寂、靜謐以及禪意識上，相互融合之際而出的。「生死觀」確實在禪觀中等到瑩山禪師這些話，才為眾生所理解。

禪觀的科學闡明「生」的新義的可能性，以及禪觀的實踐，今後將以什麼方式影響人們的心？我認為這些是今後的研究課題。大膽地說，我認為如果沒有這些，現代人似乎很難在像現今那樣殘酷的時代中繼續存活下去。

　　我確實是科學家。但是，精神醫學的目標在於令人心平安。一方面，坐禪則是把人們心中潛在的佛性當作生活的目標而加以實現。雖然兩者的路徑不同，我認為兩者的目標是完全相同的。「至禱！至禱！」的聲響是既強且深的。我想引用似乎與此文章共鳴的梵文「宣命」作為結語：

　　給與、共鳴、自制
　　靜謐、太平、靜謐

後　記

　　我對自己能在日本開始對坐禪作醫學性的研究，覺得是一件非常值得慶幸的事，對任何有志於心理科學的學者而言，這都是個有趣的課題。

　　文部省以已故的佐久間鼎教授為首，對我們所作的「坐禪的醫學、心理學研究」提供高額的贊助經費。若非如此，則至今我們的研究便不一定能深入。一思及此，就覺得十分感激。

　　還有另一椿值得慶幸的事。那就是佛教大德的鼎力協助。有些贊同研究主旨的高僧及其弟子們，樂意作我們研究的實驗對象。這一點對我們而言，也是難得的幸運。

　　本書是以我們的研究成果為基礎，以精神科醫師的立場解說瑩山禪師的《坐禪用心記》；同時也旨在說明禪觀要如何深入才能令我們心靈安穩。

　　我們在瑩山禪師的話語中尋求在現代這個壓力很多的時代能活下去的方針，並同時努力汲取他的話語的真意。我深信本書是能引起我們精神科醫師共鳴和同感的產物，並足以自豪。

　　在精神醫學的領域中，有「會合」此一語詞。科學與宗教在西歐曾是相對立的，彼此之間有著各式各樣的論爭與攻

誥。文藝復興初期的史實，尤其清楚說明了這一點；其中可說畢竟沒有「會合」。初次使用「會合」一詞的，是德國的精神科醫師賓士汪卡。他認為，個體可以擺脫醫生對患者的立場，透過「會合」，將個體當作各自獨立的存在，而相互凝視自我。

雖然我也曾思考過上述的想法。但是，我與禪觀的會合，並非分屬個別的次元。毋寧說，是科學與宗教的「會合」。結果是，禪觀的意義，得以透過「科學」這種客觀的方法，以任何人都聽得懂的科學語言陳述出來。這是因為禪佛教原本就含有科學性之故。

吉布林說，「東方是東方，西方是西方」。他也曾說，畢竟很難發現合理的精神在東方和西方會合的切點。我也認為確實如此。然而，若因此斷定東方的精神中缺乏合理性，則犯了極大的謬誤。東方的合理主義，自古至今，散布在超越了個體對個體、科學對宗教的二元對立，把包括它們的真理自然而然地蘊藏在禪佛教之中。

距今二十幾年前，英國的桂冠詩人 T. S. 艾略特便已透過他的詩篇，反覆述說西歐合理主義的前途停滯。這個觀點也成為艾略特的長詩〈荒原〉的中心主旨。他可以說是想以東方的智慧，努力打破西洋合理主義的僵局而有所成的優秀詩人兼文明評論家。這也是我之所以將他的話作為本文最後總結的理由，一如他引用梵文的詩。

即便如此，我從各種角度對禪觀作醫學性研究的結果，

也與瑩山禪師在《坐禪用心記》中的記述相當一致，沒有什麼奧妙之處。我想，醫學這種自然科學的方法，只不過是將蘊涵在《坐禪用心記》中的經驗性直觀，明示為合理、客觀的證據而已。這正是我之所以企圖從精神醫學的立場解說《坐禪用心記》的原因。

不過，現代人還是很重視知性上的合理性。相應於此，可打開宗門的時間到了吧。要我為《坐禪用心記》作新詮釋的，有總持寺出版部的佐藤俊明法師、竹原榮雄法師，以及垣內善勝法師。為了回應那些先進的見解，我特意以合理的（科學的）精神醫學的語言說明《坐禪用心記》，乃至禪觀及禪佛教本身。其成果即為本書。在此，對於現代日本宗教（禪宗）與科學的會合，衷心覺得是值得慶幸的「命運」。

禪宗對我開門之際，也開始對一般人敞開它的大門，明示禪觀，並致力於救濟「迷途的羔羊」。此外，我希望再次強調，這本身正是瑩山禪師的心，也就是佛陀的慈悲（compassion）。

西歐的精神科醫師和心理學家們中，也有很多位受到我們的研究成果的啟發，如今也注意到禪觀所具有的有益於心理健康的效果，並一面躬行實踐禪觀，一面利用它。其理由一言難盡；不過，西歐的合理主義，從現代到未來，將在東方合理主義的禪觀中，追求心靈的文藝復興，這確實是可預言的。

在本書中，我也試著將瑩山禪師的《坐禪用心記》的現

代語譯，寫成〔大意〕，這是十分困難的。雖然我已經為了現
代語譯而搬出了所有必要的禪佛教文獻，並幾乎參考了其中
每一部書，才大膽地進行現代語譯。至於譯法是否適切，尚
祈各方惠予指正。

　　在我的研究過程中惠我良多的，主要是曹洞宗的法師們。
其中尤其值得感謝的是石川大玄法師、峰岸應哉法師，以及
已故的橋本惠孝法師的指導。我想對他們有意發揚真正的禪
佛教而給我幫助，對如此深厚的佛緣，表達由衷的感激之意。

　　又，如本書開頭所說的，大本山總持寺的雜誌《跳龍》，
將我的書題名為《新坐禪用心記》，於各期連載約有兩年之久。
在這期間，該出版部的諸位，尤其是垣內善勝法師對我的諸
多鼓勵，我對此覺得很歡喜，同時在此表示至誠的謝意。

　　此外，日貿出版社的社長吉崎巖先生，及編輯部的渡部
代津子小姐協助出版本書。該出版社不僅刊行我的 Zen and
the Mind 這部英文著作，又為了現代的日本人而特別出版本
書，對這兩位，僅此深深致謝。而我強烈感受到的是：大家
應該要了解，從現代到未來的醫學和科學，絕非與宗教無關；
在被稱為技術革命的現代，宗教家與科學家應重新省思醫學
和科學能否給人們帶來幸福？

平井富雄　於豐島園寓所

昭和五十四年一月十五日

附錄:《坐禪用心記》

洞谷沙門瑩山紹瑾撰

夫坐禪者,直令人開明心地,安住本分。是名露本來面目,亦名現本地風光。身心俱脫落,坐臥同遠離,故不思善、不思惡,能超越凡聖,透過迷、悟之論量,離卻生、佛之邊際。故休息萬事,及放下諸緣,一切不為,六根無作。這箇是阿誰?不曾知名。非可為身,非可為心。欲慮慮絕,欲言言窮。如癡如兀,山高海深,不露頂、不見底,不對緣而照,眼明于雲外,不思量而通。宗朗于默說,坐斷乾坤,全身獨露。沒量大人,如大死人,無一翳遮眼,無一塵受足。何處有塵埃?何物作遮障?清水本無表裡,虛空終無內外。玲瓏明白,自照靈然。色空未分,境智何立?從來共住,歷劫無名。三祖大師且名為心,龍樹尊者假名為身,現佛性相,表諸佛體。此圓月相無缺無餘,即此心者,便是佛也。自己光明,騰古輝今,得龍樹變相,成諸佛三昧。心本無二相,身更異相像,唯心與唯身,不說異與同。心變成身,身露相分。一波纔動,萬波隨來。心識才起,萬法競來。所謂四大五蘊遂和合,四支五根忽現成,以至三十六物、十二因緣,造作遷流,展轉相續。但以眾法合成而有,所以心如海水,身如波浪。如海水外無一點波,如波浪外無一滴水,水波無別,動靜不異。故云:生死去來真實人,四大五蘊不壞身。今坐禪者,正入佛性海,即

標諸佛體。本有妙淨明心頓現前，本來一段光明終圓照。海水都無增減，波浪亦無退轉。是以諸佛為一大事因緣出現於世，直令眾生開示悟入佛之知見。而有寂靜無漏妙術，是謂坐禪。即是諸佛自受用三昧，又謂三昧王三昧。若一時安住此三昧，則直開明心地，良知佛道正門也。其欲開明心地者，放捨雜知雜解，拋下世法、佛法，斷絕一切妄情，現成一實真心，迷雲收晴，心月新明。佛言：聞思猶如處門外，坐禪正還家穩坐，誠哉。若夫聞思，諸見未休，心地尚滯，故如處門外。只箇坐禪，一切休歇，無處不通，故似還家穩坐。而五蓋煩惱皆從無明起，無明若不明己也，坐禪者是明己也。縱雖斷五蓋，未斷無明，非是佛祖；若欲斷無明，坐禪辨道，最是祕訣也。古人云：妄息寂生，寂生智現，智現真見。若欲盡妄心，須休善惡之思，又須一切緣務都來放捨，心無思，身無事，是第一用心也。妄緣盡時，妄心隨滅。妄心若滅，不變體現，了了常知。非寂滅法，非動作法。然所有技藝、術道、醫方、占相，皆當遠離，況乎歌舞妓樂、諠諍戲論、名相利養，悉不可近之。頌詩、歌詠之類，自雖為淨心因緣，而莫好營。文章筆硯擲下不用，是道者之勝躅也。美服與垢衣，俱不可著用。美服者生貪，又有盜賊畏，故為道者障難。若有因緣，若有人施與，而不受者，古來嘉蹤也，是調心之至要也。縱本有之，又不照管。盜賊劫奪，不可追尋、恪惜也。垢衣舊衣者，浣洗補治，去垢膩，令淨潔，而可著用之。不去垢膩，身冷病發，又為障道因緣也。雖然不管身命，衣不足、食不足、睡眠不足，是名三不足，皆退惰因緣也。一切生物、堅物，乃至損物、不淨食，

皆不可食之。腹中鳴動，身心熱惱，打坐有煩。一切美食不可耽
著，非但身心有煩，貪念所未免也。食祇取支氣，不可嗜味，或
飽食打坐，發病因緣也。大小食後，不得輒坐。暫經少時，乃堪
可坐。凡比丘僧必須節量食。節量食者，謂涯分也。三分中，食
二分餘一分。一切風藥、胡麻、薯蕷等，常可服之，是調身之要
術也。凡坐禪時，不可靠倚牆壁、禪椅及屏障等，又莫當風烈處
而打坐，莫登高顯處而打坐，皆發病因緣也。若坐禪時，身或如
熱，或如寒，或如澀，或如滑，或如堅，或如柔，或如重，或如
輕，或如驚覺，皆息不調，必加調之。調息之法，暫開張口，長
息則任長，短息任短，漸漸調之，稍稍隨之，覺觸來時，自然調
適。而後鼻息可任通而通也。心若或如沉，或如浮，或如朦，或
如利，或室外通見，或身中通見，或見佛身，或見菩薩，或起知
見，或通利經論，如是等種種奇特，種種異相，悉是念息不調之
病也。若有病時，安心於兩趺上而坐；心若昏沉時，安心於髮際
眉間；心若散亂時，安心於鼻端丹田。居常坐時，安心於左掌中。
若坐久時，雖不必安心，心自不散亂也。復如古教，雖照心家訓，
不可多見之、書之、聞之。多則皆亂心之因緣也。凡疲勞身心，
悉發病因緣。火難、水難、風難、賊難，及與海邊、酒肆、婬房、
寡女、處女、妓樂之邊，并莫打坐。國王、大臣、權勢家，多欲、
名聞、戲論人，亦不得近住之。大佛事、大造營雖最為善事，專
坐禪人不可修之。不得好說法、教化，散心亂念從是而起。不得
好樂多眾，貪求弟子，不得多行多學。極明、極暗、極寒、極熱，
乃至游人、戲女處，并莫打坐。叢林之中、善知識處、深山幽谷，

可依止之。綠水青山，是經行之處，谿邊樹下，是澄心之處也。觀無常而不可忘，是勵探道心也。

　　坐褥須厚敷，打坐安樂也。道場須清潔，若常燒香、獻花，則護法善神及佛菩薩影向守護也。若安置於佛菩薩及羅漢像，一切惡魔、鬼魅不得其便也。常住於大慈大悲，坐禪無量功德，迴向一切眾生。莫生憍慢、我慢、法慢，此是外道凡夫法也。念：誓斷煩惱，誓證菩提，只管打坐。一切不為，是坐禪要術也。應常濯目、濯足，身心閒靜，威儀齊整。應捨世情，莫執道情。法雖不可慳，然非請莫說。守三請，從四實，十欲言而九休去，口邊醭生，如臘月扇，如風鈴懸虛空，不問四方風，是道人之風標也。只以法而不貪於人，以道而不貢於己，便是第一用心也。夫坐禪者，非干教、行、證，而兼此三德。謂證者，以待悟為則，不是坐禪之心。行者，以真履實踐，不是坐禪之心。教者，以斷惡修善，不是坐禪之心。禪中縱立教，而非居常教。謂直指單傳之道，舉體全說。話語本無章句，意盡理窮處，一言盡十方。絲毫未舉揚，是豈非佛祖真正之教也！或雖談行，亦無為行。謂身無所作，口無密誦，心無尋思，六根自清淨，一切無染污。非聲聞之十六行，非緣覺之十二行，非菩薩之六度萬行，一切不為，故名為佛。只安住於諸佛自受用三昧，遊戲於菩薩四安樂行，是豈非佛祖深妙之行也！或雖說證，無證而證，是三昧王三昧，無生智發現三昧，一切智發現三昧，自然智發現三昧，如來之智慧開發明門，大安樂行法門之所發。越聖凡之格式，出迷悟之情量，是豈非本有大覺之證也！又坐禪者，非干戒定慧，而兼此三學。

謂戒是防非止惡。坐禪觀舉體無二，拋下萬事，休息諸緣。莫管
佛法、世法，道情、世情雙忘，無是非，無善惡，何防之有也？
此是心地無相戒也。定是觀想無餘。坐禪脫落身心，捨離迷悟，
不變不動，不為不昧，如癡如兀，如山如海，動靜二相了然不生，
定而無定相，無定相故，名大定也。慧是簡擇覺了。坐禪所知自
滅，心識永忘，通身慧眼，無有簡覺，明見佛性，本不迷惑，坐
斷意根，廓然瑩徹，是慧而無慧相，無慧相故，名大慧也。諸佛
教門，一代所說，無不總收戒定慧中。今坐禪者，無戒不持，無
定不修，無慧不通，降魔、成道、轉輪、涅槃，皆依此力，神通
妙用，放光說法，盡在打坐也，且參禪亦坐禪也。

　　欲坐禪者，先靜處宜焉，茵褥須厚敷，莫教風煙入，勿令雨
露侵，護持容膝地，清潔打坐處。雖有昔人坐金剛座，坐磐石上
之蹤跡，亦無不有座物，坐處當應晝不明，夜不暗，冬暖夏冷，
是其術也。放捨心意識，休息念想觀，勿圖作佛，勿管是非。護
惜光陰，如救頭然，如來端坐，少林面壁，打成一片，都無他事。
石霜擬枯木，太白責坐睡，不用燒香、禮拜、念佛、修懺、看經、
持課，只管打坐始得。大抵坐禪時，宜搭袈裟，莫略。蒲團非全
支趺坐，自跏趺半而後至脊骨下，是佛祖之坐法。或結跏趺坐，
或半結跏趺坐。結跏法者，先以右足置左髀上，以左足置於右髀
上，而寬繫衣物，可令齊整。次以右手安左足上，以左手安右手
上，兩手大指相拄近身，拄指對臍當對臍安，正身端坐，不得左
側右傾，前躬後仰，耳與肩，鼻與臍，必俱相對。舌拄上腭，息
從鼻通，脣齒相著，眼須正開，不張不微，如是調身已，欠氣安

息，所謂開口吐氣一兩息也。次須坐定，搖身七、八度。自麤至細，兀兀端坐也。

於此，思量箇不思量底，如何思量，謂非思量，是乃坐禪要法也。直須破斷煩惱，親證菩提，若欲起定，先兩手仰安兩膝上，搖身七、八度，自細至麤，開口吐氣，伸兩手捺地。輕輕起坐，徐徐行步，須順轉順行。坐中若昏睡來，常應搖身或張目，又安心於頂上髮際眉間。猶未醒時，引手應拭目或摩身。猶未醒時，起座輕行。正要順行。順行若及，一百許步，昏睡必醒。而經行法者，一息恆半步。行亦如不行，寂靜而不動，如是經行，猶未醒時，或灌目冷頂，或誦菩薩戒序，種種方便，勿令睡眠。當觀生死事大，無常迅速，道眼未明，昏睡何為？昏睡頻來，應發願云：業習已厚，故今被睡眠蓋，昏蒙何時醒？願佛祖垂大悲，拔我昏重苦。心若散亂時，安心於鼻端、丹田，數出入息。猶未休時，須一則公案提撕舉覺，謂是何物、怎麼來？狗子無佛性？雲門須彌山，趙州柏樹子等沒滋味談，是其所應也。猶未休時，向一息截斷，兩眼永閉端的打坐工夫，或向胞胎未生、不起一念已前，行履工夫，二空忽生，散心必歇。起定之後，不思量而現威儀時，見成即公案。不回互而成修證時，公案即見成。朕兆以前之消息，空劫那畔之因緣，佛佛祖祖靈機樞要，唯此一事也。直須休去，歇去，冷湫湫地去，一念萬年去，寒灰枯木去，古廟香爐去，一條白練去。至禱！至禱！

佛法與醫學　川田洋一／著　許洋主／譯

　　醫生通常可以告訴您生了什麼病，卻無法確切地告訴您為什麼會生病；「人為什麼會生病」這個問題，似乎牽涉到生命意識的深層結構。本書由世尊的覺悟內容做為起點，有系統地論述身體與宇宙韻律的關係，並詳細介紹佛門的醫療方法，為您提供一條健康喜悅的生命之道。

經典禪語　吳言生／著

　　禪宗在表現生命體驗、禪悟境界時，於「禪不可說」中建立起一個嚴謹而閎大的思想體系，而本書正是通向禪悟思想之境的一座橋樑。藉由禪師們的機鋒往返，剝落層層的偏執，使你寸絲不掛，讓你在耳際招架不住的困思之中，體證修行與生活一體化的澄明之境，並嗅聞出禪門妙語的真實本性。

經典禪詩　吳言生／著

　　禪宗詩歌是一筆豐厚的文化遺產，從創作主體上來看，包括歷來禪僧創作的悟禪之詩，和文人創作、帶有禪味的詩歌兩大類，而本書所探討的經典禪詩是指前一類。禪宗詩歌與純文學性的詩歌不同，它的著眼點不在於文字的華美、技巧的嫻熟，而在其禪悟內蘊的深邃、豐富；因此，藉由禪詩的吟詠，深足以豐饒身心、澄明生命。

經典頌古　吳言生／著

　　禪宗運用了電光石火的公案，以及吟詠公案的頌古來表現其思想體系。頌古的本意，在於使讀者從諷詠吟頌之間體會古則的旨意，是禪文學的一種形式。本書在總體把握禪宗思想的基礎上，立足於禪本義的立場，對吟詠百則公案的頌古進行分析、欣賞，讓自古以來即喧囂禪林的經典頌古廓然朗現。

宗教文庫

愛與和平的心靈獻禮，生命與價值的融合

何謂禪　鎌田茂雄／著　昱　均／譯

生活在現世的人們，忙碌異常，有如走馬燈似地不停的工作，最後面臨死亡。此時，我們應該安靜地凝視自己的身心，傾聽它們的需求。禪，不僅可以解開心的煩惱，更能調適身體的問題；簡單地說，禪可以匡正生活。若您想使身體保持理想狀態、心胸悠然寬廣，不妨就由閱讀這本禪書開始吧！

唯識思想入門　橫山紘一／著　許洋主／譯

　　疏離的時代，人類失去了自己本來的主體性，並正被異化、量化為巨大組織中的一小部分，而如果罹患了疏離感的現代人不做出主動且積極的努力，則永遠不得痊癒。唯識思想的歷史是向人類內心世界探究的歷史，而它的目的就在於：使人類既充滿污穢又異化的心，恢復清淨及正常的本質。

佛教入門　三枝充悳／著　黃玉燕／譯

　　佛教一直以宗教的立場來開導大眾，使人得到精神安慰。再加上佛教能建立思想，使其成為人們實踐的支柱，這更對各種優異文化的形成、深化、發展等，有很大的貢獻。本書全部圍繞在「何謂佛教」這個主題上，對於佛教入門所必須述及的各種問題，以平實的文字做忠實的敘述，使佛教的整體面貌得以開顯。

宗教學入門　瓦鄧布葛／著　根瑟・馬庫斯／譯

　　人類的宗教呈現分殊多樣的面貌，這是人類精神所展現的多元現象，也是人類文化的豐富遺產。人類總在理性的盡頭走上信仰，然而，站在人文精神與知識的立場，我們應如何去思索宗教現象，以及探尋關於宗教的可靠知識呢？本書主張把宗教現象視作人類現象來研究，分別從歷史、比較、情境以及詮釋學來充實其內涵，系統性地從幾種不同的學科與途徑來介紹當前的宗教研究，企使宗教建立一門知識性的學科。

國家圖書館出版品預行編目資料

禪與精神醫學／平井富雄著；許洋主譯. －－初版一
刷. －－臺北市；東大，2003
　　面；　　公分－－(宗教文庫)

ISBN 957-19-2739-2(平裝)

1. 禪宗－修持 2. 精神醫學

226.66　　　　　　　　　　　　　92008403

網路書店位址　http://www.sanmin.com.tw

ⓒ　禪與精神醫學

著作人　平井富雄
譯　者　許洋主
發行人　劉仲文
著作財
產權人　東大圖書股份有限公司
　　　　臺北市復興北路386號
發行所　東大圖書股份有限公司
　　　　地址／臺北市復興北路386號
　　　　電話／(02)25006600
　　　　郵撥／0107175-0
印刷所　東大圖書股份有限公司
門市部　復北店／臺北市復興北路386號
　　　　重南店／臺北市重慶南路一段61號
初版一刷　2003年5月
編　號　E 22085-0
基本定價　參元肆角
行政院新聞局登記證局版臺業字第○一九七號

有著作權‧不准侵害

ISBN　957-19-2739-2　（平裝）